体育运动

长拳 少林拳
CHANGQUAN SHAOLINQUAN

主编 岳言 杨雨龙
　　　格日乐图 付立新

走进**大自然**
走到阳光下
养成**体育锻炼**
好习惯

吉林出版集团股份有限公司 全国百佳图书出版单位

图书在版编目（CIP）数据

长拳 少林拳 / 岳言, 杨雨龙主编. — 长春：吉林出版集团股份有限公司, 2011.5（2024.1 重印）
ISBN 978-7-5463-5256-5

Ⅰ.①长… Ⅱ.①岳… ②杨… Ⅲ.①长拳—青年读物②长拳—少年读物③少林拳—青年读物④少林拳—少年读物 Ⅳ.①G852.12-49②G852.15-49

中国版本图书馆 CIP 数据核字（2011）第 081715 号

长拳 少林拳

主编 岳言 杨雨龙 格日乐图 付立新
责任编辑 息望 沈航
出版发行 吉林出版集团股份有限公司
印刷 三河市同力彩印有限公司
版次 2011 年 6 月第 1 版　2024 年 1 月第 8 次印刷
开本 787mm×1092mm 1/16　印张 10　字数 100 千
地址 吉林省长春市福祉大路 5788 号　邮编 130000
电话 0431-81629968
电子邮箱 11915286@qq.com
书号 ISBN 978-7-5463-5256-5
定价 45.80 元

版权所有　翻印必究
如有印装质量问题，请寄本社退换

《体育运动》 编委会

主　　任　宛祝平

编　　委　支二林　方志军　王宇峰　王晓磊　冯晓杰
　　　　　　田云平　兴树森　刘云发　刘延军　孙建华
　　　　　　曲跃年　吴海宽　张　强　张少伟　张铁民
　　　　　　李　刚　李伟亮　李志坚　杨雨龙　杨柏林
　　　　　　苏晓明　邹　宁　陈　刚　岳　言　郑风家
　　　　　　宫本庄　赵权忠　赵利明　赵锦锦　潘永兴

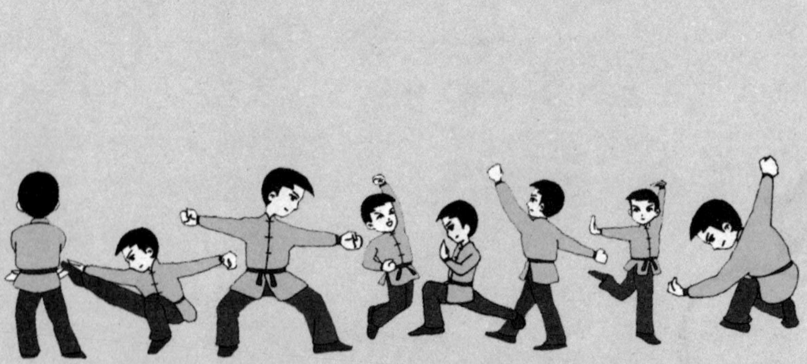

目录 CONTENTS

长拳

第一章 运动保护
第一节 生理卫生..................2
第二节 运动前准备..................3
第三节 运动后放松..................8
第四节 恢复养护..................10

第二章 长拳概述
第一节 起源与发展..................12
第二节 特点与价值..................13

第三章 长拳场地和装备
第一节 场地..................16
第二节 装备..................16

第四章 长拳基本技术
第一节 上肢练习..................20
第二节 腰部练习..................25
第三节 下肢练习..................27
第四节 跳跃练习..................34
第五节 平衡与跌扑练习..................35

第五章 长拳套路
第一节 长拳基础套路..................40

1

目录

CONTENTS

第二节 初级长拳.....................52
第六章 长拳比赛规则
 第一节 程序.........................78
 第二节 裁判.........................79

少林拳

第七章 少林拳概述
 第一节 起源与发展.................82
 第二节 特点与价值.................83
第八章 少林拳场地和装备
 第一节 场地.........................88
 第二节 装备.........................89
第九章 少林拳基本技术
 第一节 手形与手法.................92
 第二节 步形与步法.................97
 第三节 动作组合....................105
第十章 少林长拳
 第一节 预备势......................110
 第二节 第一段......................110
 第三节 第二段......................120

目录 CONTENTS

第四节 第三段 126
第五节 第四段 134
第六节 收势 145
第十一章 少林拳比赛规则
第一节 程序 148
第二节 裁判 148

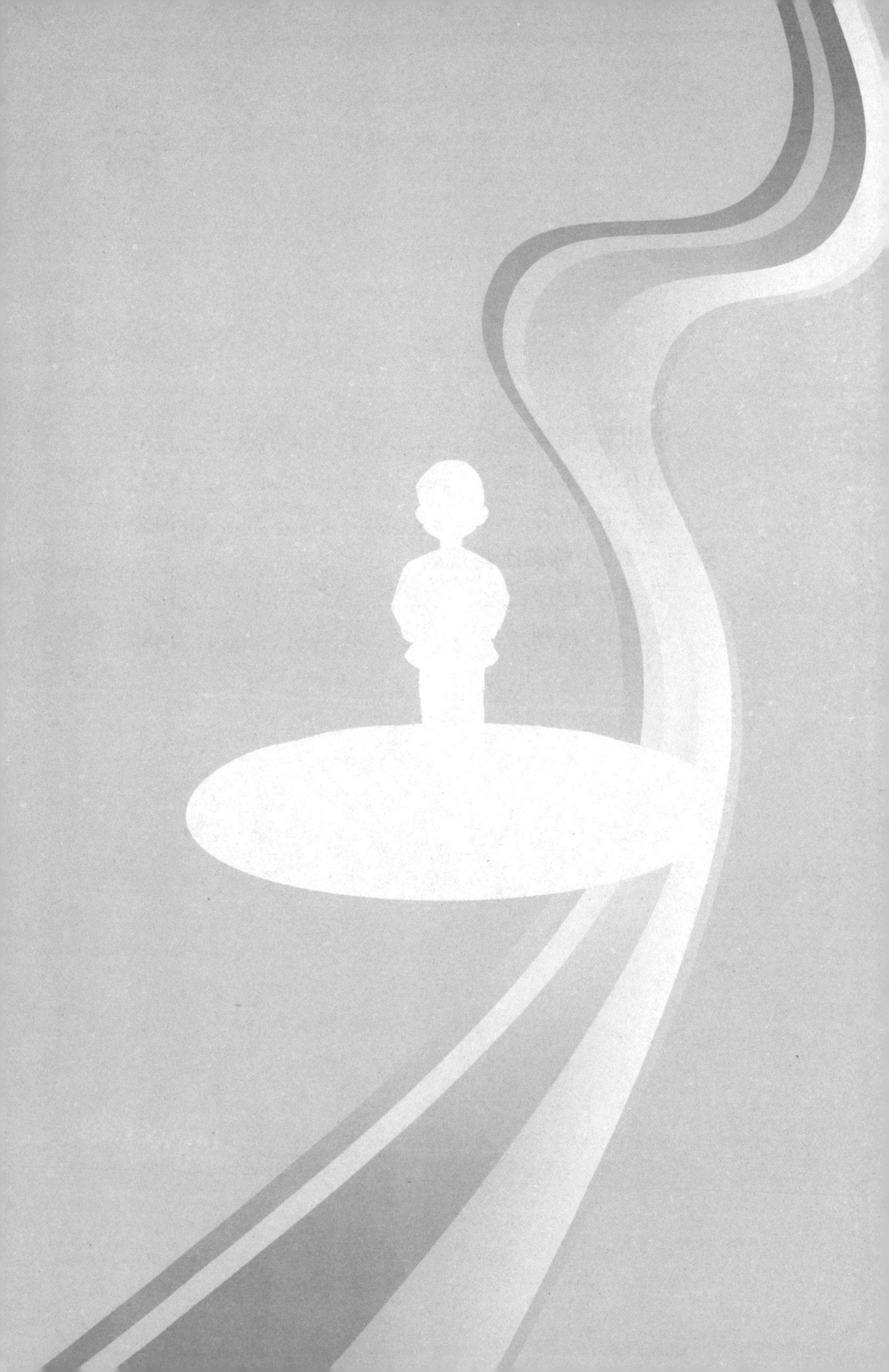

长拳

第一章 运动保护

"生命在于运动",但是盲目、不科学的运动非但不能起到强身健体的作用,反而会给身体带来一定的伤害。只有掌握体育锻炼的一般性生理卫生知识,科学地进行体育锻炼,才能起到健身强体的作用。

第一节 生理卫生

青少年在进行体育运动时，除了应进行一般性的身体检查和必要的咨询外，还要注意培养运动兴趣和把握适当的运动强度。

一、培养运动兴趣

在进行体育运动前，必须培养自己对体育运动的兴趣。培养兴趣的方法有很多，如观看体育比赛，与同学、朋友进行体育比赛等。有了浓厚的兴趣，就能自觉地投入体育运动之中，从而达到理想的体育锻炼效果。

二、把握运动强度

因为青少年进行体育运动，主要是在享受体育运动的过程中增强体质，提高健康水平，而不仅是为了创造运动成绩，所以运动强度不宜过大。控制运动强度最简单的办法是测定运动时的脉搏。对青少年来说，运动时的脉搏控制在每分钟140次左右较为合适。

第二节 运动前准备

运动前进行充分的准备活动，对于青少年来说是非常重要的。一些青少年体育运动爱好者，常常不重视运动前的准备活动，导致各种运动损伤，影响运动效果，也容易失去对体育运动的兴趣，甚至造成对体育运动的畏惧。因此，青少年在进行体育运动前，必须做好充分的准备活动。

一、准备活动的作用

运动前做好充分的准备活动能够对肌肉、内脏器官有很大的保护作用，同时还可以提前调节运动时的心理状态。

（一）提高肌肉温度，预防运动损伤

运动前进行一定强度的准备活动，不仅可以使肌肉内的代谢过程加强，温度增高，黏滞性下降，提高肌肉的收缩和舒张速度，增强肌力，同时还可以增加肌肉、韧带的弹性和伸展性，减少由于肌肉剧烈收缩而造成的运动损伤。

（二）提高内脏器官的功能水平

内脏器官的功能特点之一就是生理惰性较大，即当活动开始、肌肉发挥最大功能水平时，内脏器官并不能立刻进入

最佳活动状态。

(三)调节心理状态

青少年进行体育锻炼不仅是身体活动,同时也是心理活动。研究证明,心理活动在体育锻炼中起着非常重要的作用。体育锻炼前的准备活动,可以起到心理调节的作用,即接通各运动中枢间的神经联系,使大脑皮层处于最佳兴奋状态。

二、如何进行准备活动

一般来说,准备活动主要应考虑内容、时间和运动量等问题。

(一)内容

准备活动可分为一般准备活动和专项准备活动。一般准备活动主要是一些全身性的身体练习,如跑步、踢腿、弯腰等。一般准备活动的作用在于提高整体的代谢水平和大脑皮层的兴奋状态,减少运动损伤的发生。专项准备活动是指与所从事的体育锻炼内容相适应的动作练习。

下面介绍一套一般准备活动操,供青少年运动前使用。这套活动操主要包括头部运动、肩部运动、扩胸运动、体侧运动、体转运动、髋部运动和踢腿运动等。

1. 头部运动

头部运动的动作方法(见图1-2-1)是:

两手叉腰,两脚左右开立,做头部向前、向后、向左、向右,以及绕环运动。

2. 肩部运动

肩部运动的动作方法(见图1-2-2)是:

手扶肩部,屈臂向前、向后绕环,以及直臂绕环。

3. 扩胸运动

扩胸运动的动作方法(见图1-2-3)是:

屈臂向后振动及直臂向后振动。

4. 体侧运动

体侧运动的动作方法(见图1-2-4)是:

两脚左右开立,一手叉腰,另一臂上举,并随上体向对侧振动。

5. 体转运动

体转运动的动作方法(见图1-2-5)是:

两脚左右开立,两臂体前屈,身体向左、向右有节奏地扭转。

6. 髋部运动

髋部运动的动作方法(见图1-2-6)是:

两脚左右开立,两手叉腰,髋关节放松,向左、向右各做360°旋转。

7. 踢腿运动

踢腿运动的动作方法(见图1-2-7)是:

两臂上举后振,同时一腿向后半步,然后两臂下摆后振,同时向前上方踢腿。

图 1-2-1

图 1-2-2

图 1-2-3

图 1-2-4

图 1-2-5

图 1-2-6

图 1-2-7

(二)时间和运动量

准备活动的时间和运动量随体育锻炼的内容和量而定,由于以健身为目的的体育运动量较小,因此准备活动的量也相对较小,时间也不宜过长,否则,还未进行体育锻炼身体就疲劳了。半小时的体育锻炼,准备活动时间一般以10分钟左右为宜。

第三节 运动后放松

进行剧烈的体育运动后,有些青少年习惯坐在地上,或是直接躺下来休息,认为这样可以快速消除疲劳。其实不然,这样做的结果不仅不能尽快地恢复身体功能,反而会对身体产生不良影响,正确的做法应该是运动后做一些整理活动,放松身体。

一、运动后整理活动的必要性

运动后的整理活动不仅可以避免头晕等症状，还可以有效地消除疲劳。

(一)避免头晕

人体在停止运动后，如果停下来不动，或是坐下来休息，静脉血管失去了骨骼肌的节律性收缩，血液会受重力作用滞留在下肢静脉血管中，导致回心血量减少，心血输出量下降，造成暂时性脑缺血，出现头晕、眼前发黑等一系列症状，严重者甚至会出现休克。为了避免这些症状的发生，整理活动是非常必要的。

(二)消除疲劳

除了避免头晕等症状的发生，运动后的整理活动还可以改善血液循环状态，达到快速消除疲劳的目的。

二、放松方法

在运动后放松时，应注意以下几个问题：
(1)做一些放松跑、放松走等形式的下肢运动，促进下肢静脉血的回流，防止体育锻炼后心血输出量的过度下降；
(2)在下肢活动后进行上肢整理活动，右臂活动后做左臂的整

理活动，通过这种积极性休息，使身体机能得到尽快恢复；

（3）整理活动的量不要过大，否则整理活动又会引起新的疲劳；

（4）在进行整理活动时，应当保持心情舒畅、精神愉快。

第四节 恢复养护

人体在运动后，除采用休息和积极性体育手段加速身体功能的恢复外，还可以根据体育运动的特点，补充不同的营养物质，以尽快消除疲劳。

体育运动结束后，人体内会产生一种叫作乳酸的酸性物质，它的积累会造成肌体的疲劳，使恢复时间延长。所以，我们在体育运动后，应多补充一些碱性食物，如蔬菜、水果等，而动物性蛋白等肉类食品偏"酸"，在运动后的当天可适当减少摄入。

第二章 长拳概述

　　长拳是我国武术流派中的一种,深受广大武术爱好者的青睐。练习长拳不仅可以强身健体,而且对自卫防身也有一定的帮助。

　　长拳在出手或出腿时以放长击远为主,其动作舒展、筋顺骨直,有时在出拳时还配合拧腰顺肩来加长击打点,以发挥"一寸长一寸强"的优势。长拳中也间或使用短拳,但整套动作是以长击动作为主。

第一节 起源与发展

长拳运动从创编到现在，风靡全中国。这项继承了中国传统武术精髓而又独具特色的拳种，有着自己独特的起源与发展历程。

一、起源

中华人民共和国成立后，原国家体委把在群众中流传广泛的查、华、炮、红、弹腿和少林等拳种，根据其风格特点，综合整理，创编了长拳。长拳是近30年来发展起来的新拳种，是以套路为主的拳法，既适合于基础武术训练，又适合于比赛竞技。

二、发展

随着武术事业的蓬勃发展，长拳套路在动作结构、布局安排和速度、难度、腾空跳跃等方面都有了新的突破和创新。长拳运动的训练更加强调动作规格化、注重功力和加强攻防意识，提出了"高、难、美、新"的发展方向，使长拳运动成为深受人民群众喜爱的一个拳种，并逐步走向国际体坛。

第二节 特点与价值

长拳运动之所以创编至今长盛不衰，是因为它具有自己的特点与价值。

一、特点

长拳姿势舒展，动作灵活，矫健有力，节奏分明，并且有蹿蹦跳跃、闪展腾挪、起伏转折和跃扑滚翻等动作。长拳出手长，跳得高，蹦得远，刚柔相济，快慢相间，动迅静定，节奏分明，是全国武术表演和比赛项目之一，适合青少年练习。

二、价值

青少年练习长拳可以促进和提高心肺功能，增进肌肉、骨骼成长和中枢神经系统发育，增强身体素质。

对生理和心理都尚未成熟、自立性和独立性还比较差的青少年来说，业余时间参加长拳运动，能够锻炼他们的自制力、毅力与果断力，并能树立良好的人际关系。

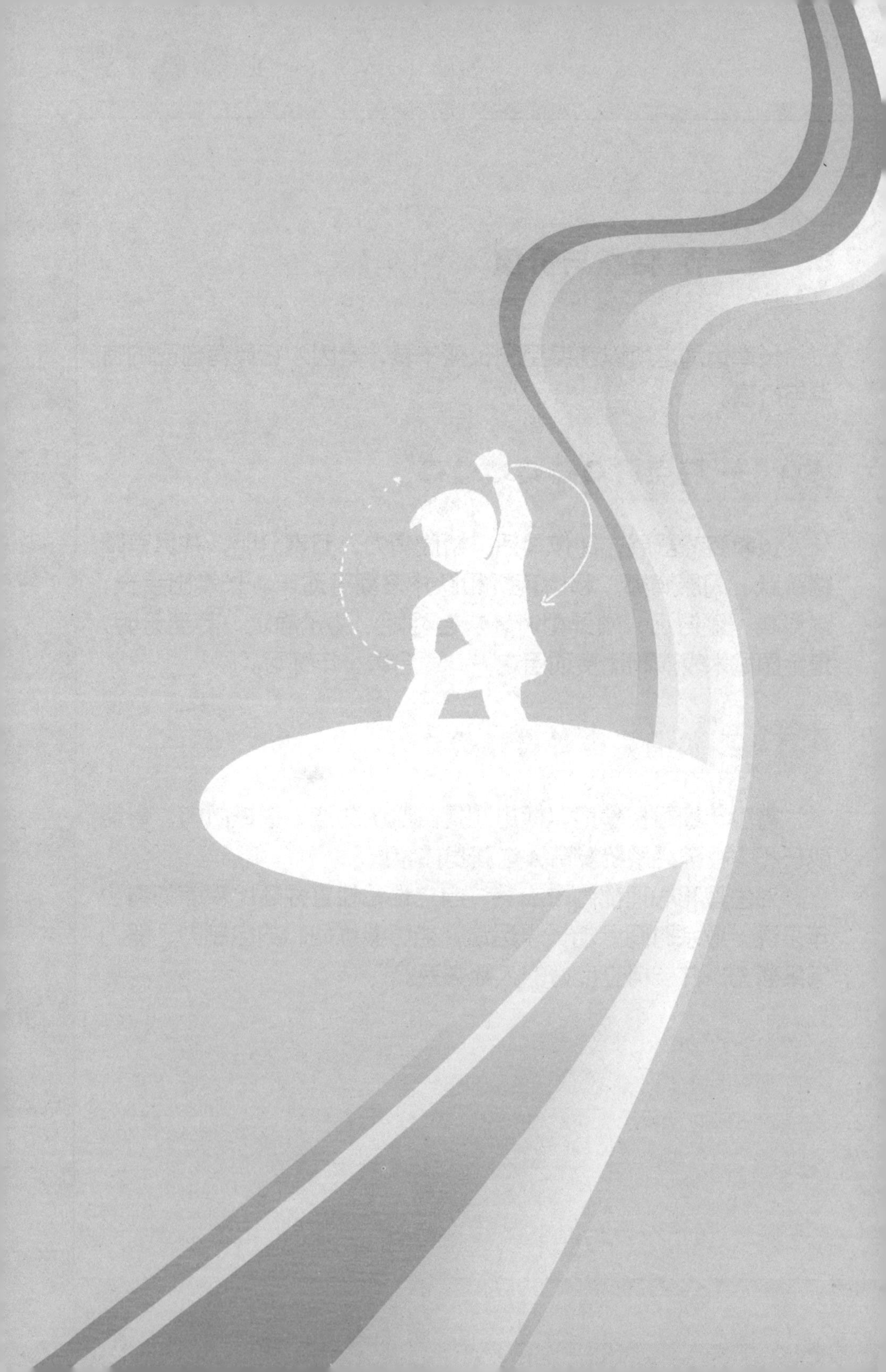

第三章 长拳场地和装备

本章主要介绍长拳场地的分类和长拳场地中一些常见设施的使用方法，以及长拳锻炼者在练习时所需要的装备及使用方法，以便训练者在练习长拳时可以安全地进行身体锻炼和操作。

第一节 场地

长拳的场地分为训练场地和比赛场地两种,本节主要介绍长拳比赛场地的情况。

一、规格

(1)场地长14米,宽8米;场地周围至少应有2米宽的安全区;
(2)四周内沿应标明5厘米宽的边线;
(3)场地的两长边中间应有一条长30厘米、宽5厘米的中线标记。

二、设施

长拳比赛场地应铺设地毯,以防止运动员受伤。

第二节 装备

长拳的服装要求具有传统的民族特色。

一、服装

(一)款式

经常参加长拳锻炼的青少年应备有 3 套服装,夏季穿短袖、短裤,春、秋两季穿长袖、短裤,冬季穿防风厚装,长衣、长裤。

(二)材质

运动服应采用吸汗效果较好的纯棉布料。

(三)要求

练习者尽量不要佩戴耳环、项链等饰品。

二、鞋

长拳运动一般穿武术鞋,也可以穿软底运动鞋。

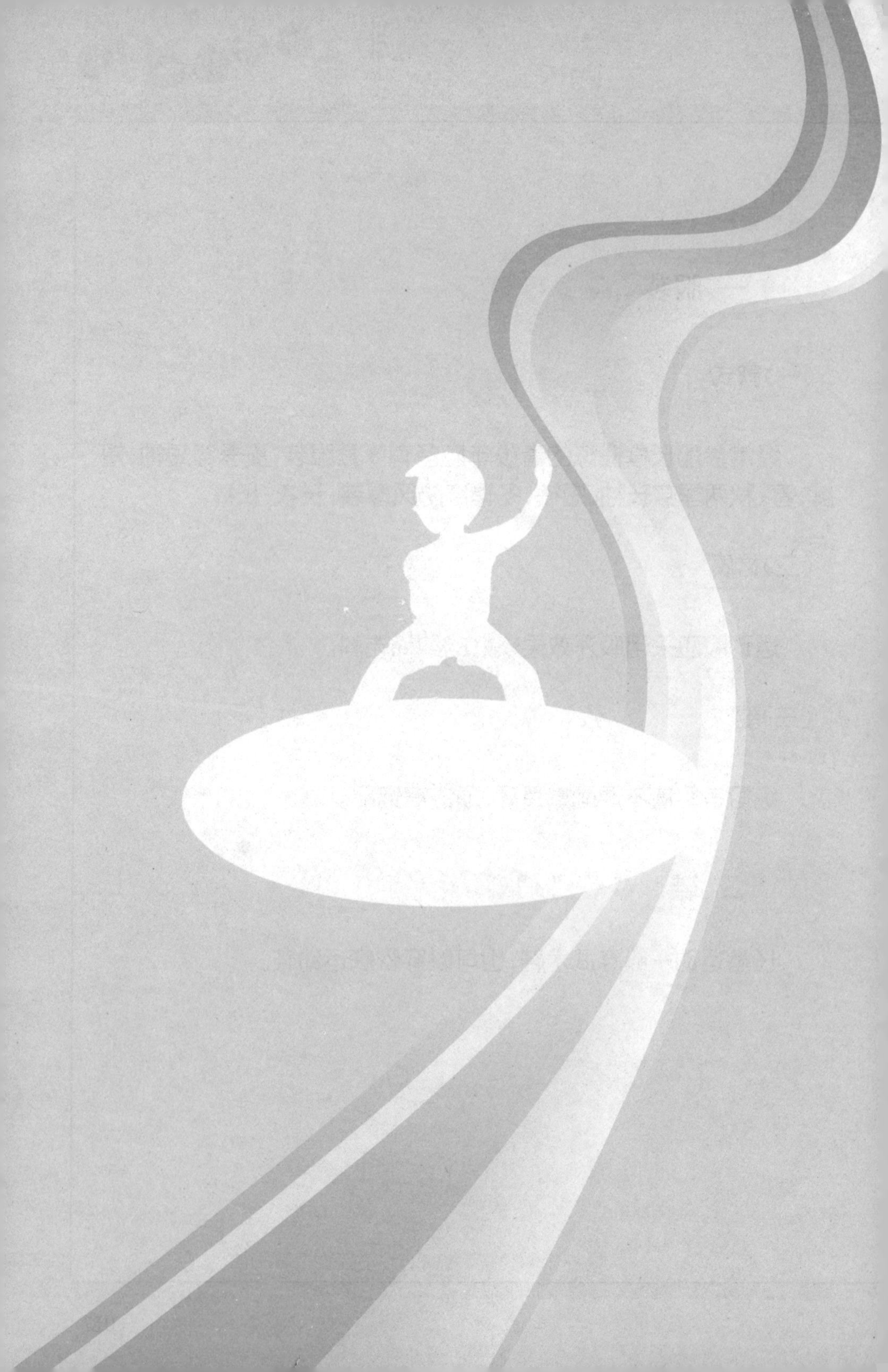

第四章 长拳基本技术

　　长拳基本技术就是长拳的基本功法，内容丰富，形式多样，如冲拳、推掌、顶肘等基本手形、手法，弓步、马步等基本步形，以及蹬、弹、踹等腿法，还有通过躯干表现的折叠俯仰、闪展拧转等基本身法。这些基本功法将在上肢练习、腰部练习、下肢练习、跳跃练习，以及平衡与扑跌练习中得到提高。

第一节 上肢练习

上肢练习是指练习髋关节以上，以两臂为主的上半身基本功，包括手形练习和手法练习等。

一、手形练习

手形练习包括拳练习、掌练习和勾练习等。

(一)拳练习

拳的各部位分别称为拳眼、拳心、拳面、拳背和拳轮。拳练习的动作方法(见图 4-1-1)是：

(1)四指并拢卷握，拇指梢节屈压于食指中节上；
(2)拳心朝上(下)为平拳，拳眼朝上(下)为立拳。

图 4-1-1

(二)掌练习

掌的各部位分别称为掌心、掌背、掌指、掌根和掌外缘。掌练习的动作方法(见图 4-1-2)是：

(1)四指伸直并拢，拇指梢节屈扣于虎口处；

(2)手腕伸直为直掌，掌指朝上(向拇指侧伸)为立掌。

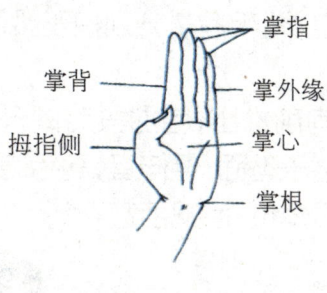

图 4-1-2

(三)勾练习

勾的各部位分别称为勾尖和勾顶。勾练习的动作方法(见图 4-1-3)是：

五指尖捏拢在一起，屈腕。

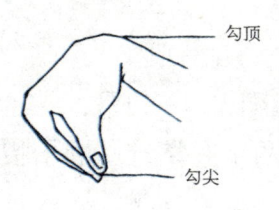

图 4-1-3

二、手法练习

手法练习包括冲拳、劈拳、推掌、亮掌、架拳和挑掌等。

(一)冲拳

冲拳的动作方法(见图 4-1-4)是:

(1)两脚并步站立,两手握拳分别抱于腰侧,拳心向上,肘尖向后,目视前方;

(2)左拳从腰间向前推出,当肘关节离开身体一侧时,左前臂内旋并加速用力,力达于拳面,臂伸直,高与肩平;

(3)同时右肘向后牵拉,目视前方。

图 4-1-4

(二)劈拳

劈拳的动作方法(见图 4-1-5)是:

(1)两脚并步站立,两手握拳分别抱于腰侧,掌心向上,肘尖向后,目视前方;

(2)右拳向左、向上经头上方向右下快速挥落,臂伸直,高与肩平,目视右拳。

图 4-1-5

(三)推掌

推掌的动作方法(见图 4-1-6)是:

(1)两脚并步站立,两手握拳分别抱于腰侧,拳心向上,肘尖向后,目视前方;

(2)左拳变掌,由腰间向前立掌推出,当肘关节离开身体一侧时,前臂内旋并加速前冲,臂伸直,高与肩平;

(3)同时右肘向后牵拉,目视前方。

图 4-1-6

(四)亮掌

亮掌的动作方法(见图 4-1-7)是:

(1)并步站立,右拳变掌,由腰间向右、向上划弧至头部右上方;

(2)前臂内旋,肘略屈,臂呈弧形,虎口朝下,掌指朝左,掌心朝前上方,目视前方。

图 4-1-7

(五)架拳

架拳的动作方法(见图 4-1-8)是:

(1)开步站立;

(2)右拳向右上方架起,拳眼向下,目视左方。

图 4-1-8

(六)挑掌

挑掌的动作方法(见图 4-1-9)是:
(1)并步站立,与冲拳相同;
(2)右拳变掌,自腰间经右向上弧形摆起,当摆至将近水平时,使掌抖腕竖起呈立掌,掌指朝上,掌外沿朝右,目视右侧。

图 4-1-9

第二节 腰部练习

腰部练习动作主要有前俯、后甩和涮腰等。

一、前俯

前俯的动作方法(见图 4-2-1)是:
(1)并步站立,直臂上举;
(2)上体前俯,两掌心尽量贴地,挺膝、挺胸、收髋、前折体。

图 4-2-1

二、后甩 🌀🌀🌀🌀🌀🌀

后甩的动作方法（见图 4-2-2）是：

（1）并步开立，直臂上举；

（2）以腰、髋关节为轴，上体后屈甩腰，两臂随之后摆，快速、紧凑、富有弹性。

图 4-2-2

三、涮腰 🌀🌀🌀🌀🌀🌀

涮腰的动作方法（见图 4-2-3）是：

（1）开步站立，以髋关节为轴，上体前俯，两臂随之向左前方伸出，继而向右后方绕环一周；

（2）两脚抓地，两臂随着腰部动作放松绕动，尽量增大上体环绕幅度。

图 4-2-3

第三节 下肢练习

下肢练习主要包括腿法和步形。

一、腿法

腿法练习主要包括正踢腿、单拍脚、弹腿、蹬腿和侧踹腿等。

(一)正踢腿

正踢腿的动作方法(见图 4-3-1)是:
(1)两脚并步站立,两臂呈侧平举,立掌,目视前方;
(2)左腿支撑,右腿挺膝,脚尖勾起向前额处快速摆起,目视前方。

图 4-3-1

(二) 单拍脚

单拍脚的动作方法 (见图 4-3-2) 是：

(1) 两脚前后站立，左手握拳抱于腰间，右掌在头右前上方举起，掌心朝前，目视前方；

(2) 左腿支撑，右腿挺膝，脚尖绷直，向前上方快速摆起，当脚摆踢至面前时，右掌迎击脚面，目视前方。

图 4-3-2

(三) 弹腿

弹腿的动作方法 (见图 4-3-3) 是：

(1) 左腿支撑，右腿屈膝提起接近水平，两拳抱于两腰侧，目视前方；

(2) 上体不动，小腿猛力向前甩摆，挺膝，力达脚尖，大小腿水平呈一条线，目视前方。

图 4-3-3

(四)蹬腿

蹬腿的动作方法(见图 4-3-4)是:

(1)左腿支撑,右腿屈膝提起,膝部过腰,两拳抱于两腰侧,目视前方;

(2)上体不动,以脚跟为力点向前猛力蹬出,挺膝,大小腿呈一条线,脚高过腰,目视前方。

图 4-3-4

(五)侧踹腿

侧踹腿的动作方法(见图 4-3-5)是:

(1)右腿支撑,左腿屈膝提起,脚内扣,脚尖勾起,两手掌在胸前交叉呈十字,身体略向右倾,目视左前方;

(2)上体不动,以脚跟为力点,向左上方横脚伸出,脚高过肩,上体右倾,两掌顺势向两侧撑开,目视左脚。

图 4-3-5

二、步形

长拳的步形主要包括弓步、马步、虚步、仆步、歇步、丁步和插步等。

(一) 弓步

弓步的动作方法(见图 4-3-6)是：

(1) 前脚略内扣,全脚掌着地,屈膝半蹲,大腿呈水平,膝部约与脚面垂直；

(2) 另一腿挺膝伸直,脚尖里扣斜向前方,全脚掌着地,上体正对前方,挺胸,立腰,前腿弓,后腿绷,两手抱拳于腰间。

图 4-3-6

(二) 马步

马步的动作方法(见图 4-3-7)是：

(1) 两脚左右开立约为脚长的 3 倍,脚尖正对前方,屈膝半蹲,大腿呈水平；

(2) 目视前方,头正,挺胸,立腰,扣足,两手抱拳于腰间。

图 4-3-7

(三)虚步

虚步的动作方法(见图 4-3-8)是：
(1)后脚尖斜向前,屈膝半蹲,大腿接近水平,全脚掌着地;
(2)前腿略屈,脚面绷紧,脚尖虚点地面,挺胸,立腰。

图 4-3-8

(四)仆步

仆步的动作方法(见图 4-3-9)是：
(1)一腿全蹲,大腿和小腿靠紧,臀部接近小腿,全脚掌着地,膝与脚尖略外展;
(2)另一腿平铺接近地面,全脚掌着地,挺胸,立腰,开髋,脚尖内扣。

图 4-3-9

(五)歇步

歇步的动作方法(见图 4-3-10)是:
(1)两腿交叉屈膝全蹲,前脚全脚掌着地,脚尖外展;
(2)后脚跟离地,臀部外侧紧贴后小腿,挺胸,立腰,两腿贴紧。

图 4-3-10

(六)丁步

丁步的动作方法(见图 4-3-11)是:
两腿半蹲并拢,一只脚全脚掌着地支撑,另一只脚停在支撑脚内侧相靠,脚尖点地。

图 4-3-11

(七)插步

插步的动作方法(见图 4-3-12)是:
(1)开步站立,两手叉腰;
(2)右脚向左脚后横插一步,两腿交叉。

图 4-3-12

第四节 跳跃练习

跳跃练习主要包括大跃步前穿和腾空飞脚等。

一、大跃步前穿

大跃步前穿的动作方法（见图4-4-1）是：

（1）并步站立，左脚上一步蹬地向前跃出，两臂依次向上划弧摆起；

（2）右、左脚随即落地呈仆步，右掌变拳抱于腰间，左掌下落停于胸前，呈立掌，目视左掌。

图4-4-1

二、腾空飞脚

腾空飞脚的动作方法（见图4-4-2）是：

（1）并步站立，右脚上步蹬地跃起，左腿前上摆踢，两臂向头上摆起，右手背迎击左手掌；

（2）在空中右腿向前上方弹（摆）踢，脚面绷直，右手迎击右脚面；

（3）左腿屈膝收控于右腿侧，左掌摆至左侧方变勾手，上体略前倾，目平视前方。

图 4-4-2

第五节 平衡与跌扑练习

平衡与跌扑练习是练习时掌握长拳协调性的基础，对于平衡的练习有助于练习者提高身体的协调性。

一、平衡练习

平衡泛指一条腿支撑，另一条腿抬高离开地面的单脚独立动作，依平衡动作的姿势可分为提膝平衡和望月平衡等。

（一）提膝平衡

提膝平衡的动作方法（见图 4-5-1）是：
（1）并步站立，右腿直立站稳，左腿屈膝高提至胸，脚面绷直，

垂扣于右腿前侧；

（2）右臂上举于头上亮掌，左手反臂后举呈勾手。

图 4-5-1

（二）望月平衡

望月平衡的动作方法（见图 4-5-2）是：

（1）并步站立，右脚后撤一步站稳，同时两手左右分开上摆呈亮掌；

（2）上体侧倾拧腰，向支撑腿同侧方上翻；

（3）挺胸塌腰，左腿在身后向支撑腿的同侧方上举，小腿屈收，脚面绷平，目视右后侧。

图 4-5-2

二、跌扑练习

跌扑翻滚泛指身体摔滚和旋转翻腾动作,难度较大,主要包括扶地后倒、抢背和鲤鱼打挺等。

(一)扶地后倒

扶地后倒是指利用双臂支撑后倒的技术,动作方法(见图4-5-3)是:

(1)并步直立,左腿支撑,屈膝降低身体重心,右腿前伸,两臂屈肘位于身体两侧,掌心向下;

(2)上体后倒,以背部、臀部和前臂及两掌同时着地,后倒时,尽量降低重心,前臂要平行着地,切勿以手掌或肘关节撑地;

(3)着地时要闭口、屏气、低头。

图 4-5-3

(二)抢背

抢背是指利用向前翻滚来进行自我保护的技术,动作方法(见图4-5-4)是:

（1）错步站立，左脚后上摆，右脚蹬地跳起；

（2）团身向前滚翻，两腿屈膝，滚动时以右臂外侧、右肩经背、腰、左臀、左腿外侧依次着地。

图 4-5-4

(三) 鲤鱼打挺

鲤鱼打挺是指从地面起身站立的技术，动作方法（见图 4-5-5）是：

（1）仰卧，屈体使两腿上摆，两手扶按两膝；

（2）两腿下打，挺腹，振摆而起，身体呈半圆环形，两脚分开不得超过肩宽。

图 4-5-5

第五章 长拳套路

　　长拳套路适合于武术的基础训练，具有动作舒展大方、快速有力和节奏鲜明等运动特点，下面主要介绍长拳基础套路和初级长拳。

第一节 长拳基础套路

长拳基础套路包括起势、第一段、第二段和收势等。

一、起势

起势包括预备势和并步抱拳。

(一)预备势

预备势的动作方法(见图 5-1-1)是:
(1)两脚并步站立,两臂垂于体两侧,五指并拢贴靠于腿外侧;
(2)目视前方,挺胸,收腹,立腰,头正,下颌略收。

图 5-1-1

(二)并步抱拳

并步抱拳的动作方法(见图 5-1-2)是:
(1)两脚并步站立,两手握拳,屈肘抱于腰两侧;

（2）拳心向上，拳面向前，目视前方，挺胸，立腰，收腹，两肘向后牵拉。

图 5-1-2

二、第一段

第一段包括马步双推掌、半马步格打、弓步冲拳、弹腿冲拳、弓步推掌、换跳步马步压肘、马步抓肩和震脚栽拳等。

（一）马步双推掌

马步双推掌的动作方法（见图 5-1-3）是：
（1）左脚向左侧横开一步（距离约为本人三脚宽），两腿屈膝半蹲呈马步；
（2）同时两拳变掌，两前臂内旋向前立掌推出，两臂与肩平，目视前方；
（3）马步两脚尖略内扣，两膝略扣，大腿呈水平。

图 5-1-3

(二)半马步格打

半马步格打的动作方法(见图 5-1-4)是:
(1)重心略右移,左脚尖外展,同时右掌变拳收抱于腰右侧,左掌变拳,竖前臂向左格打,拳背朝左,目视左拳;
(2)左转、格打要同时完成,力点达于前臂外侧。

图 5-1-4

(三)弓步冲拳

弓步冲拳的动作方法(见图 5-1-5)是:
(1)右脚跟外蹬,膝部随之挺直呈左弓步,同时左拳收抱于腰左侧；

（2）右拳自腰间平拳向前冲出，高与肩平，拳心朝下，力达拳面，目视右拳，弓步时右腿蹬直，脚跟不得离地，冲拳时要拧腰、顺肩。

图 5-1-5

（四）弹腿冲拳

弹腿冲拳的动作方法（见图 5-1-6）是：

（1）重心前移，左腿挺膝立起，右腿随之屈膝提起，绷脚面猛力向前弹出，高与腰平；

（2）同时右拳收抱至右腰侧，左拳自腰间向前平拳冲出，高与肩平，目视左拳，弹腿力点达于脚尖，冲拳与收拳同时完成。

图 5-1-6

(五)弓步推掌

弓步推掌的动作方法(见图 5-1-7)是:

(1)右脚向前落步,屈膝半蹲呈右弓步,同时左拳收抱至腰左侧;

(2)右拳变掌自腰侧向前立掌推出,臂与肩平,力达掌外沿,目视右掌。

图 5-1-7

(六)换跳步马步压肘

换跳步马步压肘的动作方法(见图 5-1-8)是:

(1)重心后移,左腿略屈,右脚随之后撤半步,前脚掌着地,同时右手向左,左拳变掌向右,左手内、右手外在腹前交叉,目视右手;

(2)右腿屈膝提起,同时左手经腹前向后摆至斜平举,右手自左经头上绕至头前方做搂手,目视右手;

(3)左脚蹬地跳起,身体在空中右转约 100°,同时右掌下落至身体右侧,左手握拳举至头上方,目视前下方;

(4)左、右脚依次落地,并屈膝半蹲呈马步,同时右手握拳收抱于腰右侧,左拳屈肘下压至胸前,掌心朝上,目视左拳。

图 5-1-8

(七)马步抓肩

马步抓肩的动作方法(见图 5-1-9)是：
(1)两脚不动,左拳变掌抓按于右肩上；
(2)目视左手,左手按肩要紧,肩部肌肉要紧张,有上顶之势。

图 5-1-9

(八)震脚栽拳

震脚栽拳的动作方法(见图 5-1-10)是：
(1)重心移至左腿,右脚随之提起收至左腿内侧,并用力向下跺踏；

（2）同时右拳自腰侧向右后绕至头右侧，后翻前臂向下栽拳，拳心向后，拳面朝下，目视右方。

图 5-1-10

三、第二段

第二段包括弓步顶肘、提膝穿掌、仆步穿掌、震脚掳手、右蹬腿、弓步冲拳、马步冲拳和震脚砸拳等。

（一）弓步顶肘

弓步顶肘的动作方法（见图 5-1-11）是：

（1）身体立起，左腿支撑，右脚跟提起，同时左臂向左摆起，高与肩平，右臂摆至胸前屈肘，目视左手；

（2）身体略右转，右脚向右前方上步，屈膝半蹲，左脚随之挺膝蹬直呈右弓步，同时左掌心附于右拳面，向右前推送，使右肘尖向前顶出，目视肘尖。

图 5-1-11

(二)提膝穿掌

提膝穿掌的动作方法(见图 5-1-12)是:

(1)重心左移,身体左转,右脚尖内扣,身体立起,左掌变拳收抱于腰左侧,拳心向上,同时右拳变掌,向下经右向上绕至面前作按掌,屈肘,掌心向下,掌外缘向前,目视右掌;

(2)左腿挺膝伸直,右腿随之屈膝提起,同时左拳变掌,自腰侧经右手背向前上方穿出,右掌收于左腋下,掌心朝下,目视左掌。

图 5-1-12

（三）仆步穿掌

仆步穿掌的动作方法（见图 5-1-13）是：
（1）左腿屈膝全蹲，右腿随之向右侧伸出落步呈仆步；
（2）同时右掌经腹前，沿右腿内侧穿至右脚面，目视右掌。

图 5-1-13

（四）震脚捋手

震脚捋手的动作方法（见图 5-1-14）是：
（1）右脚尖外展，重心前移，右腿略屈膝，左腿蹬直、提跟，同时左手向下经体左侧摆至身前，掌心朝外，掌指朝右，虎口朝下，右手上摆后抓按于左手腕部，目视左手；
（2）左脚提起向右脚前方落步并用力跺踏，屈膝脚尖外展，右脚随之脚跟提起，同时左前臂外旋捋手后握拳收至左胯旁，掌心向上，目视前方。

图 5-1-14

(五)右蹬腿

右蹬腿的动作方法(见图 5-1-15)是:
右脚勾脚尖提起后向前猛力蹬出,力达脚跟,目视右脚。

图 5-1-15

(六)弓步冲拳

弓步冲拳的动作方法(见图 5-1-16)是:
(1)右脚向前落步并屈膝呈弓步,同时右手握拳收抱于腰右侧;
(2)左拳向前冲出,高与肩平,目视左拳。

图 5-1-16

(七)马步冲拳

马步冲拳的动作方法(见图 5-1-17)是：

(1)上体左转 90°，右脚尖内扣，重心左移，屈膝半蹲呈马步；

(2)同时左拳收抱于腰左侧，右拳自腰间向右平拳冲出，高与肩平，目视右拳。

图 5-1-17

(八)震脚砸拳

震脚砸拳的动作方法(见图 5-1-18)是：

(1)重心左移，右腿屈膝提起，收至左腿内侧后，用力向下跺踏，并随之并步半蹲；

(2)同时左拳变掌向前伸出，右拳经上向下砸于左掌上，拳心朝上。

图 5-1-18

四、收势

收势包括并步抱拳和还原。

(一)并步抱拳

并步抱拳的动作方法(见图 5-1-19)是：
(1)两腿挺膝立起，同时左掌变拳收抱于腰左侧；
(2)右拳收抱于腰右侧，目视前方。

图 5-1-19

(二)还原

还原的动作方法(见图 5-1-20)是：
两拳变掌，下落于两大腿外侧，掌心向内，目视正前方。

图 5-1-20

第二节 初级长拳

初级长拳的套路动作简单,步法移动快速,手法灵活多变,配合起伏转折和蹿蹦跳跃等动作,内容丰富,明快大方,干净利落,一气呵成。初级长拳包括预备势、第一段、第二段、第三段、第四段和结束动作等。

一、预备势

预备势的动作方法(见图5-2-1)是:

(1)并步站立,两臂垂于身体两侧,双手五指并拢贴靠腿侧,呈立正姿势;

(2)头要正,颌略收,挺胸,立腰,收腹,目向前平视。

图 5-2-1

预备势又包括虚步亮掌和并步对拳。

(一)虚步亮掌

虚步亮掌的动作方法(见图5-2-2)是:

（1）右脚向后方撤步呈左弓步，右掌外旋向右、向上、向前划弧，左臂屈肘，左掌提至腰间，掌心向上，目视右掌；

（2）右腿略屈，重心后移，左掌经胸前由右臂上向前穿出伸直，右臂屈肘，右掌收至腰间，掌心向上，目视左掌；

（3）重心继续后移，左脚略向右移，脚尖点地呈右虚步，左臂内旋向左、向后划弧呈勾手，勾尖向上，右手继续向后、向左、向上、向前划弧，屈肘抖腕亮掌于头前上方，掌心向前，掌指向左，目视左方。

图 5-2-2

（二）并步对拳

并步对拳的动作方法（见图 5-2-3）是：

（1）右腿蹬直，左腿提膝，脚尖里扣，上体姿势不变；

（2）左脚向前落步，重心前移，左臂屈肘，左勾手变掌经左肋前，右臂外旋向前下落于左掌右侧，两掌前伸，与胸同高，掌心均向上；

（3）右脚向前一步，两臂下垂后摆；

（4）左脚向右脚并步，两臂向外、向上经胸前屈肘下按，两掌变拳，拳心向下，停于小腹前，目视左方。

图 5-2-3

二、第一段

第一段包括弓步冲拳、弹腿冲拳、马步冲拳、弓步冲拳、弹腿冲拳、大跃步前穿、弓步击掌和马步架掌等。

（一）弓步冲拳

弓步冲拳的动作方法（见图 5-2-4）是：

（1）左脚向左上一步，脚尖向斜前方，右腿略屈呈半马步，左臂向上、向左格打，拳眼向内，拳与肩平，右拳收至腰间，拳心向上，目视左拳；

（2）右腿蹬直呈左弓步，左拳收至腰间，拳心向上，右拳由腰间向前冲出，高与肩平，拳眼向上，目视右拳。

图 5-2-4

(二)弹腿冲拳

弹腿冲拳的动作方法(见图 5-2-5)是:

(1)重心前移至左腿,右腿屈膝提起,脚面绷直,猛力向前弹出伸直,高与腰平;

(2)右拳收至腰间,左拳由腰间向前冲出,目视前方。

图 5-2-5

(三)马步冲拳

马步冲拳的动作方法(见图 5-2-6)是:

(1)右脚向前落步,脚尖内扣,上体左转 90°;

(2)左拳收至腰间,两腿下蹲呈马步,右拳向前冲出,目视前方。

图 5-2-6

(四)弓步冲拳

弓步冲拳的动作方法(见图 5-2-7)是:

(1)上体右转 90°,右脚尖外展,脚尖向斜前方呈半马步,右臂屈肘向右格打,拳眼向内,目视右拳;

(2)左腿蹬直呈右弓步,右拳收至腰间,左拳向前冲出,目视前方。

图 5-2-7

(五)弹腿冲拳

弹腿冲拳的动作方法(见图 5-2-8)是:

(1)重心前移至右脚,左腿屈膝提起,脚面绷直,猛力向前弹出伸直,高与腰平;

(2)左拳收至腰间,右拳由腰间向前冲出,目视前方。

图 5-2-8

(六)大跃步前穿

大跃步前穿的动作方法(见图 5-2-9)是:

(1)左腿屈膝,右拳变掌内旋,以手臂向下挂至左膝外侧,上体前倾,目视右手;

(2)左脚向前落步,两腿略屈,左拳变掌向后、向下伸直,目视左掌;

(3)右腿屈膝向前提起,左腿立即猛力蹬地向前跃出,两掌向前、向上划弧摆起,目视左掌;

(4)右脚落地全蹲,左脚随即落地向前铲出呈左仆步,右掌变拳抱于腰间,左掌由上向右、向下划弧,呈立掌停于右胸前,目视左脚。

图 5-2-9

(七)弓步击掌

弓步击掌的动作方法(见图 5-2-10)是:

(1)右腿猛力蹬直呈左弓步,左掌经左脚面向后划弧至身后呈勾手,左臂伸直,勾尖向上;

(2)右拳由腰间变掌向前推击呈立掌,掌指向上,掌外侧向前,

目视前方。

图 5-2-10

(八)马步架掌

马步架掌的动作方法(见图 5-2-11)是:

(1)重心移至两腿中间,左脚脚尖内扣呈马步,上体右转 90°,右掌收至左胸前,同时左勾手变掌,由后经腰间从右臂内向前上穿出,两掌心均向上,目视左手;

(2)右掌立于左胸前,左臂向左上屈肘抖腕、亮掌于头部左上方,掌心向前,目视右方。

图 5-2-11

三、第二段

第二段包括虚步栽拳、提膝穿掌、仆步穿掌、虚步挑掌、马步击掌、叉步双摆掌、弓步击掌和转身踢腿马步盘肘等。

（一）虚步栽拳

虚步栽拳的动作方法（见图5-2-12）是：

（1）右脚蹬地，屈膝提起，左腿伸直，以左脚掌为轴向左后转体180°，右掌由左胸前向下，经右腿外侧向后划弧呈勾手，左臂随身体转动，左掌外旋，使掌心朝内做格挡，目视右手；

（2）右脚向右落地，重心移至右腿，下蹲呈左虚步，左掌变拳下落于左膝上，拳眼向里，拳心向后，右勾手变拳，屈肘向上架于头右上方，拳心向前，目视左方。

图5-2-12

（二）提膝穿掌

提膝穿掌的动作方法（见图5-2-13）是：

（1）右腿略伸直，右拳变掌收至腰间，掌心向上，左拳变掌由下向左、向上划弧盖压于头上方，掌心向前；

（2）右腿蹬直，左腿屈膝提起，脚尖内扣，右掌从腰间经左掌背向右前上方穿出，掌心向上，左掌收至右胸前呈立掌，目视右掌。

059

图 5-2-13

(三)仆步穿掌

仆步穿掌的动作方法(见图 5-2-14)是:
(1)右腿全蹲,左腿向左后方铲出呈左仆步;
(2)右臂不动,左掌指尖向下翻转,由左胸前向下,经左腿内侧向左脚面穿出,目随左掌转视。

图 5-2-14

(四)虚步挑掌

虚步挑掌的动作方法(见图 5-2-15)是:
(1)重心前移至左腿呈左弓步,右掌略下降,左掌随重心前移,向前挑起;

（2）右脚向左前方上步，左腿半蹲呈右虚步，身体随下体左转180°，左掌由前向上、向后划弧呈立掌，右掌向下从右腿外侧向上挑起呈立掌，指尖与眼平，目视右掌。

图 5-2-15

（五）马步击掌

马步击掌的动作方法（见图 5-2-16）是：

（1）右脚落实，脚尖外展，重心略升高并后移，左掌变拳收至腰间，右掌外旋捋手；

（2）左脚向前上一步，以右脚为轴心向右转体180°，下蹲呈马步，左掌从右臂上呈立掌向左侧击出，右掌变拳收至腰间，目视左掌。

图 5-2-16

(六)叉步双摆掌

叉步双摆掌的动作方法(见图 5-2-17)是:

(1)重心略后移,两掌同时向下、向右摆,掌指均向上,目视右掌;

(2)右脚向左腿后插步,前脚掌着地,两臂继续由右向上、向左摆停于身体左侧,两手均呈立掌,右掌停于左肘窝处,目随双掌转视。

图 5-2-17

(七)弓步击掌

弓步击掌的动作方法(见图 5-2-18)是:

(1)两腿不动,左掌收至腰间,右掌向上、向右划弧,掌心向下;

(2)左腿后撤一步呈右弓步,右掌向下、向后伸直呈勾手,勾尖向上,左掌经腰间呈立掌向前推击,目视左掌。

图 5-2-18

（八）转身踢腿马步盘肘

转身踢腿马步盘肘的动作方法（见图 5-2-19）是：

（1）两脚以前脚掌为轴向左后转体 180°，同时左臂向上、向前划半立圆，右臂向下、向后划半立圆；

（2）两脚不动，右臂由后向上、向前划半立圆，左臂由前向下、向后划半立圆；

（3）右臂向下呈反臂勾手，勾尖向上，左臂向上呈亮掌，掌心向前上方，右腿伸直，脚尖勾起，向额前踢；

（4）右脚向前落地，脚尖内扣，右手不动，左臂屈肘下落至胸前，左掌心向下，目视左掌；

（5）上体左转 90°，两腿下蹲呈马步，左掌向前、向左平掳变拳收至腰间，右勾手变拳，右臂伸直，由体后向右、向前平摆至体前屈肘，肘尖向前，高与肩平，拳心向下，目视肘尖。

图 5-2-19

四、第三段

第三段包括歇步抡砸拳、仆步亮掌、弓步劈拳、换跳步弓步冲拳、马步冲拳、弓步下冲拳、叉步亮掌侧踹腿和虚步挑拳等。

（一）歇步抡砸拳

歇步抡砸拳的动作方法（见图 5-2-20）是：

(1) 重心略提，右脚尖略外展，右臂由胸前向上、向左抡直，左臂由腰间向下、向左抡直，目视右拳；

(2) 两脚以脚掌为轴，向右转体 180°，右臂向下、向后抡摆，左臂向上、向前随身体转动；

(3) 两腿全蹲呈左歇步，左手握拳随身体下蹲向下平砸，拳心向上，左臂略屈，右臂伸直向上举起，目视左拳。

图 5-2-20

（二）仆步亮掌

仆步亮掌的动作方法（见图 5-2-21）是：

(1) 左脚由右腿后抽出前上一步，左腿蹬直呈右弓步，上体略向右转，左拳收至腰间，右拳变掌向下经胸前向右横击掌，掌心向下，目视右掌；

(2) 右脚蹬地屈膝提起，上体右转 180°，左拳变掌从右掌上向前穿出，掌心向上，右掌平收至左肋下；

(3) 右脚向右落步，屈膝全蹲，左腿伸直呈左仆步，左掌向下、向后划弧呈勾手，勾尖向上，右掌向右、向上划弧略屈抖腕亮掌，掌心向前,头随右手转动,至亮掌时目视左方。

图 5-2-21

(三)弓步劈拳

弓步劈拳的动作方法(见图 5-2-22)是:

(1)右腿蹬地起立,左腿收回并向左前方上步,右掌变拳收至腰间,左勾手变掌由下向前、向左做搂手;

(2)右腿经左腿前方,向左绕上一步,左腿蹬直呈右弓步,右臂伸直向后、向上;

(3)右臂向前抡劈拳,高与耳平,拳心向上,左掌外旋贴扶右小臂,目视右拳。

图 5-2-22

(四)换跳步弓步冲拳

换跳步弓步冲拳的动作方法(见图 5-2-23)是:

(1)重心后移,右脚略向后移动,右拳变掌,臂内旋,以掌背向

下划弧放至右膝内侧,左掌背贴靠右肘内侧,掌指向前,目视右掌;

(2)右腿自然上抬,上体略向左扭转,右掌挂至体左侧,左掌向右腋下插,目随右掌转视;

(3)左脚抬起的同时,右脚用力向下震跺,右手由左向上、向前掳盖,而后变拳收至腰间,左掌伸直向下、向上、向前屈肘下按,掌心向下,上体略右转,目视左掌;

(4)左脚向前落步,右腿蹬直呈左弓步,右拳向前冲出,左掌背贴靠右腋下,目视右拳。

图 5-2-23

(五)马步冲拳

马步冲拳的动作方法(见图 5-2-24)是:

(1)上体右转 90°,重心移至两腿中间呈马步;

(2)右拳收至腰间,左掌变拳向左冲击,目视左拳。

图 5-2-24

(六)弓步下冲拳

弓步下冲拳的动作方法(见图5-2-25)是：

(1)右脚蹬直呈左弓步,左掌变拳向下,经体前向上架于头左上方,掌心向上;

(2)右拳自腰间向左前斜下方冲出,目视右拳。

图 5-2-25

(七)叉步亮掌侧踹腿

叉步亮掌侧踹腿的动作方法(见图5-2-26)是：

(1)上体略右转,右拳变掌由头上下落于右手腕上,两手交叉呈十字,目视双手;

(2)右脚蹬地向左腿后插步,以前脚掌着地,左掌由体前向下、向后划弧呈勾手,勾尖向上,右掌由前向右、向上划弧,抖腕亮掌,掌心向上,目视左侧;

(3)重心移至右腿,左腿屈膝提起,向左上方猛力蹬出,目视左侧,上肢姿势不变。

图 5-2-26

(八)虚步挑拳

虚步挑拳的动作方法(见图 5-2-27)是:

(1)左脚在左侧落地,右掌变拳略后移,左勾手变拳由体后向左略屈臂上挑,拳背向上;

(2)身体左转180°,略含胸前俯,左拳向前、向上划弧上挑,右拳向下、向前划弧挂至右膝外侧,目视右拳;

(3)右脚向左前方上步,脚尖点地,重心落于左脚,左腿下蹲呈右虚步,左拳向后划弧收至腰间,右拳向前略屈臂挑出,拳心向内,拳与肩同高,目视右拳。

图 5-2-27

五、第四段

第四段包括弓步顶肘、转身左拍脚、右拍脚、腾空飞脚、歇步下冲拳、仆步抡劈拳、提膝挑掌和提膝劈掌弓步冲拳等。

(一)弓步顶肘

弓步顶肘的动作方法(见图 5-2-28)是：

(1)重心升高,右臂内旋向下,直臂划弧至右膝内侧；

(2)左腿蹬直,右腿屈膝上抬,左拳变掌,两臂向前、向上划弧摆起,目随右拳转视；

(3)左脚蹬地起跳,身体腾空,两臂继续划弧至头上方；

(4)右脚先落地,右腿屈膝,左脚向前落步,以前脚掌着地,同时两臂向右、向下屈肘停于右胸前,右拳变掌,左掌变拳,右掌心贴靠于左拳面；

(5)左脚向左上一步,右腿蹬直呈左弓步,右掌推左拳,以左肘尖向左顶出,高与肩平,目视前方。

图 5-2-28

(二)转身左拍脚

转身左拍脚的动作方法(见图 5-2-29)是：

(1)以两脚前脚掌为轴向右后转体 180°,右臂向上、向右、向下划弧抡摆,同时左拳变掌向下、向后、向前划立圆；

(2)左腿伸直向前上踢起,脚面绷平,左掌变拳收至腰间,右掌由体后向上、向前拍击左脚面。

图 5-2-29

(三)右拍脚

右拍脚的动作方法(见图 5-2-30)是:

(1)左脚向前落地,右掌变拳收至腰间,左拳变掌向下、向后摆;

(2)右腿伸直向前上踢起,脚面绷平,左掌由后向上、向前拍击右脚面。

图 5-2-30

(四)腾空飞脚

腾空飞脚的动作方法(见图 5-2-31)是:

（1）右脚落地，上体略后倾；

（2）左脚向前抬起，右拳变掌向前、向上摆，左掌拍击右掌背；

（3）右脚猛力蹬地跳起，左腿继续上摆，右腿在空中弹踢，脚面绷平，右手拍击右脚面，左掌由体前向上举起。

图 5-2-31

（五）歇步下冲拳

歇步下冲拳的动作方法（见图 5-2-32）是：

（1）左、右脚先后落地，左掌变拳收至腰间；

（2）右脚尖外展，身体右转 90°，两腿全蹲呈歇步，右掌抓握，外旋变拳收至腰间，左拳由腰间向前下方冲出，拳心向下，目视左拳。

图 5-2-32

（六）仆步抡劈拳

仆步抡劈拳的动作方法（见图 5-2-33）是：

（1）重心升高，右臂由腰间向体后伸直，左臂随身体重心，向上摆起；

（2）以右脚掌为轴，左腿屈膝提起，上体左转 270°，左拳向上、向左、向下、向后划立圆一周，右拳由右向下、向后、向上绕立圆一周；

（3）左腿向后落一大步呈右仆步，右拳由上向下抡劈，拳眼向上，左拳向后上举，目视右拳。

图 5-2-33

（七）提膝挑掌

提膝挑掌的动作方法（见图 5-2-34）是：

（1）重心右移呈右弓步，右拳变掌由下向上抡摆，掌心向左，拳变掌略下落，掌心向左，目视前方；

（2）左、右臂在垂直面上由前向后各划一立圆，右臂伸直停于头上方，掌心向左，臂伸直停于身后呈反勾手，右腿蹬地屈膝提起，左腿挺膝伸直独立，目视前方。

图 5-2-34

(八)提膝劈掌弓步冲拳

提膝劈掌弓步冲拳的动作方法(见图 5-2-35)是：

(1)下肢不动,右掌由上向下猛劈伸直,停于右小腿内侧,左勾手变掌,屈臂向前停于右上臂内侧,掌心向左,目视右掌;

(2)右脚向右后落地,上体右转 90°,左掌变拳收至腰间,右臂内旋向外划弧做掳手,目视右手;

(3)左腿蹬直呈右弓步,右手抓握变拳收至腰间,左拳由腰间向左前方冲出,拳眼向上,目视左拳。

图 5-2-35

六、结束动作

结束动作包括虚步亮掌和并步对拳等。

(一)虚步亮掌

虚步亮掌的动作方法(见图5-2-36)是:

(1)右脚扣于左膝后,两拳变掌,两臂屈肘交叉于体左前,右臂在上,掌心向下,目视右掌;

(2)右脚向右后落步,重心后移,右腿半蹲,上体略右转,右掌向上、向右、向下划弧停于左腋下,左掌向下、向左、向上停于胸前右臂上,两掌心左下右上,目视左掌;

(3)左脚尖右移,右腿下蹲呈左虚步,左臂伸直向左、向后划弧呈反勾手,右臂伸直向下、向右、向上划弧抖腕亮掌,掌心向前,目视左方。

图5-2-36

(二)并步对拳

并步对拳的动作方法(见图5-2-37)是:

(1)左腿后撤一步,两掌同时从腰间向前穿出伸直,掌心向上,目视前方;

(2)右腿后撤一步,两臂同时向后摆;

(3)左脚后退向右脚并拢,两臂由后向上经体前屈臂下按,两掌变拳，停于腹前，拳心向下，目视左方。

图 5-2-37

（三）还原

还原的动作方法（见图 5-2-38）是：两臂自然下垂呈预备势，目视正前方。

图 5-2-38

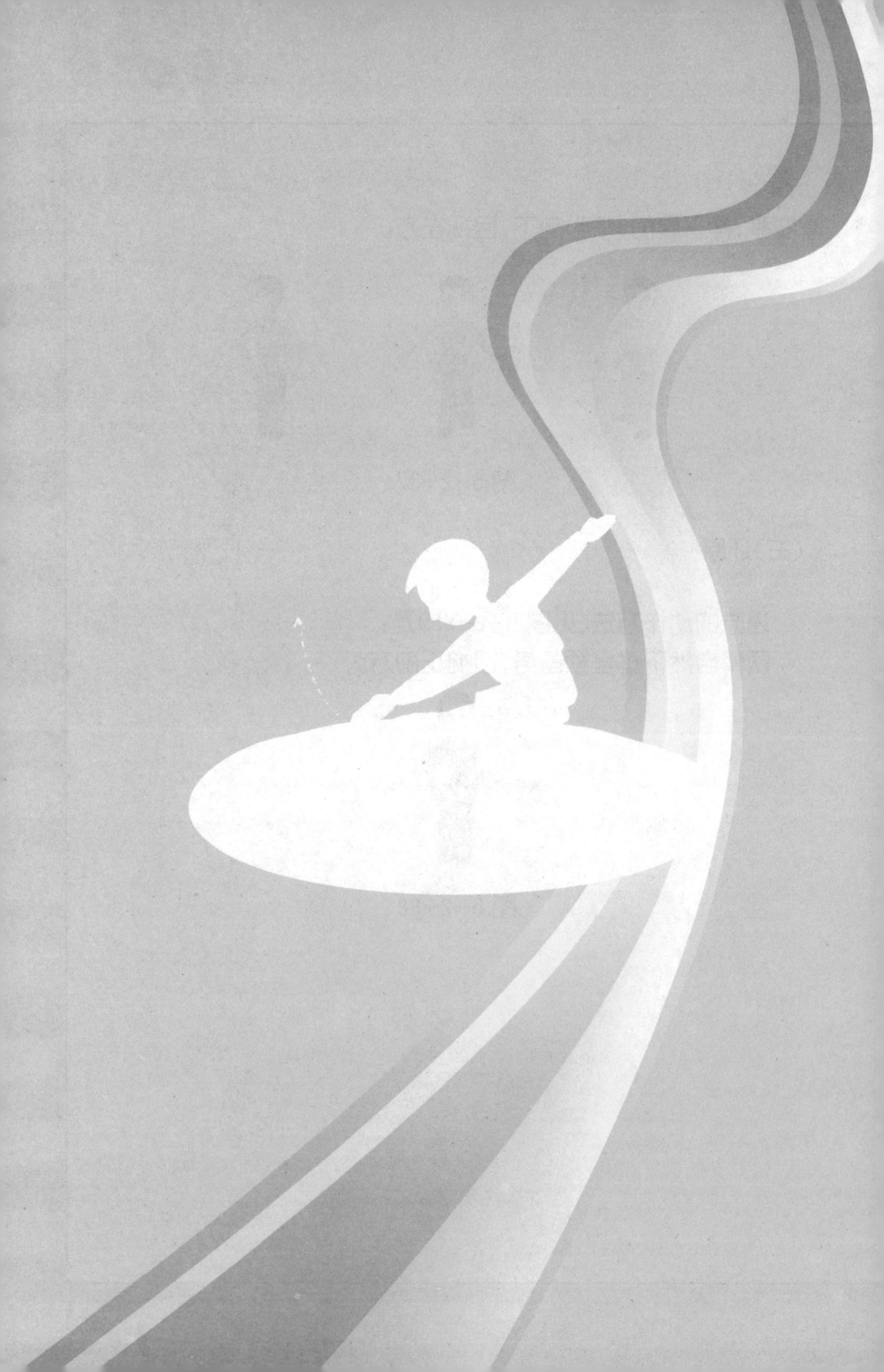

第六章 长拳比赛规则

没有规矩不成方圆,运动的乐趣不仅来源于运动技巧,在规则的指导下,合理规范地进行体育锻炼,还可以让锻炼者得到极大的充实与满足。本章介绍长拳比赛的比赛程序和裁判规则。

第一节 程序

比赛程序是指参赛队员在参加比赛之前、比赛过程中以及比赛结束时所要注意和遵守的相关规则和违规处理情况。

一、比赛办法

(一)赛前准备

规定套路按规定音乐配乐,时间为 3 分至 3 分 30 秒。表演项目需配乐者自备录音带。除规定套路外,其他项目时间均为 3 至 4 分钟。运动员须在赛前 30 分钟参加检录,两次点名未到按弃权论。

(二)比赛时间

长拳比赛时间主要根据选手所选的套路以及音乐时间为准,原则不超过 5 分钟,音乐停止动作完毕。

二、比赛方法

运动员进场后施抱拳礼,在音乐响起后,在场地的范围内进行表演,音乐结束后施抱拳礼退场。

三、注意事项

（1）比赛时，运动员应穿比赛服，穿武术鞋或运动鞋；

（2）运动员本人听到上场比赛的点名和比赛后裁判长宣布最后得分时，应向裁判长行抱拳礼；

（3）运动员应在场地的同一侧，完成相同方向的起势和收势；

（4）背对裁判长起势时，须并步收势后再转向裁判长，不允许边收势边转向裁判长。

第二节 裁判

学习和了解裁判方法，对于我们掌握裁判员的判罚尺度、提高比赛成绩、合理有效地运用规则会有很大的帮助。

一、裁判员

在裁判长的直接领导下，参加评分的裁判员有两组。第一组由评判动作完成的裁判员组成，人数为3～5人；第二组由评判演练水平的裁判员组成，人数为3～5人。

二、评分

具体内容如下：

（1）去掉裁判员所评的一个最高分和一个最低分，余者评分的

平均值为运动员的应得分；

（2）运动员的得分应取至小数点后的两位数；

（3）裁判长从运动员的所得分数中，减去运动员其他错误的扣分，即为运动员的最后得分。

（一）得分标准

（1）姿势正确、方法清楚得 4 分；
（2）劲力顺达、动作协调得 3 分；
（3）风格独特、内容充实得 2 分；
（4）全神贯注、节奏分明得 1 分。

（二）扣分标准

（1）运动员因客观原因中断比赛，可申请重做一次，不予扣分；

（2）运动员在比赛进行中因受伤中断比赛，经简单治疗即可继续比赛的，可申请重做，但应扣 0.5 分，如果不能继续比赛，则按弃权处理；

（3）运动员因失误、动作遗忘等原因造成比赛中断，可申请重做，但应扣 1 分。

少林拳

第七章 少林拳概述

少林拳是我国著名的武术流派，形成于北魏时期，由少林寺僧众创制、发展，具有深厚的文化底蕴。它以刚健有力、朴实无华的风格，套路繁多、利于实战的特点，在武术界独创一家，在国内外久负盛名，素来就有"少林武术甲天下"的美誉。

第一节 起源与发展

少林拳始于北魏，盛于隋、唐、宋、明，历代流传，支脉繁衍遍及全国各地。1949年后，少林拳更加得到政府的重视，迅速发展，享誉全球。

一、起源

北魏孝明帝孝昌三年（公元527年），印度僧侣菩提达摩，来到中国河南嵩山少林寺，传授佛教禅宗。他根据山林中虎跃、猴攀、鸟飞、虫爬等动作，并效法我国劳动人民生产和锻炼身体的各种活动，初创了简单的体操活动，作为健体护身术来演练。遇到野兽侵袭时，便以此与之搏斗，开创了少林寺僧众健身习武之风。

后来，历代僧众参照我国民间长期流传的健身技击术，以及他家拳术之特长，兼收并蓄、融会贯通、长期研练，初步创造了少林拳。

二、发展

1949年后，少林武术迅速普及、发展。许多省、市成立了武术协会和体校武术训练班，进一步推广和发展少林武术。少林拳受到人们的喜爱，深深扎根于民众之中。

1959年，第一届全运会举行，少林武术成为全运会的竞赛项目。

1987年6月，中国体育科学学会武术学会在北京成立，湖南、宁夏、江苏等省也先后成立了省武术学会。

1994年广岛亚运会，包括少林武术在内的武术成为正式比赛项目，少林武术开始走向世界。

2006年，少林武术被国务院认定为中国首批"非物质文化遗产"，少林武术的影响力越来越大，成为备受推崇的武术项目。这项古老的运动正以崭新的姿态走向世界。

第二节 特点与价值

少林拳之所以能够千年流传，受人敬仰，主要是因为它的功夫过硬，风格独特，立足于实战。它的套路结构紧凑、动作朴实、敏捷，攻防严密，招式多变，力量的运用灵活而有弹性，着眼于实用，不练花架子，具有颇多的自卫特色。

一、特点

少林拳具有动作朴实、攻防严密、动静分明、刚劲有力等动作特点。

（一）动作朴实

少林拳的动作简单实用、方刚有力，没有太多花架子。

(二)攻防严密

实战时，少林拳的攻击或防守动作都非常紧凑和连贯，不给对方以还手或进攻的机会。

(三)动静分明

练习少林拳术时要体现动则明快有力、静则一动不动的拳理特点。

(四)刚劲有力

演练少林拳术时，主要突出的就是动作刚劲有力，呈现阳刚之美。

二、价值

少林拳在健身、文化和教育等方面都有很高的价值。

(一)健身价值

经常练习少林拳能够使身体的协调性、灵敏性、柔韧性和力量都得到提高，并有助于身体各部位的均衡发展，获得健美的体格，有益于增强呼吸系统的机能，对心血管系统机能有良好的作用，还能改善神经系统。而且，练习少林拳时，意念和动作合为一体，使心灵和身体同时得到了锻炼。

(二)文化价值

少林拳是中华武术的瑰宝,以中国古代独具特色的哲学思想作为理论基础,具有传播古代经典思想的文化价值。

(三)教育价值

少林拳在教育方面历来重视"武德",引导学生养成尚武崇德的精神,这种精神正是中华传统精神在武坛的缩影。"崇德"能培养"厚德载物"的气度,强调武德教育,就是要求习武者有手德、口德、公德。手德即较技时不以武力伤人,即使对待坏人,也以擒拿、点穴等法制服敌手为尚;口德即不以语言中伤他人;公德即遵守社会道德规范,不做扰乱社会治安的事。

少林拳的武术技法还形成了"以柔克刚""舍己从人"等顺其自然、保护自己、不与人强争胜负的打法。这些崇尚武德的修养,能使习武者逐步养成与人友善、淳厚处世、宽容万物的气度,这正是"厚德载物"德性的具体体现。

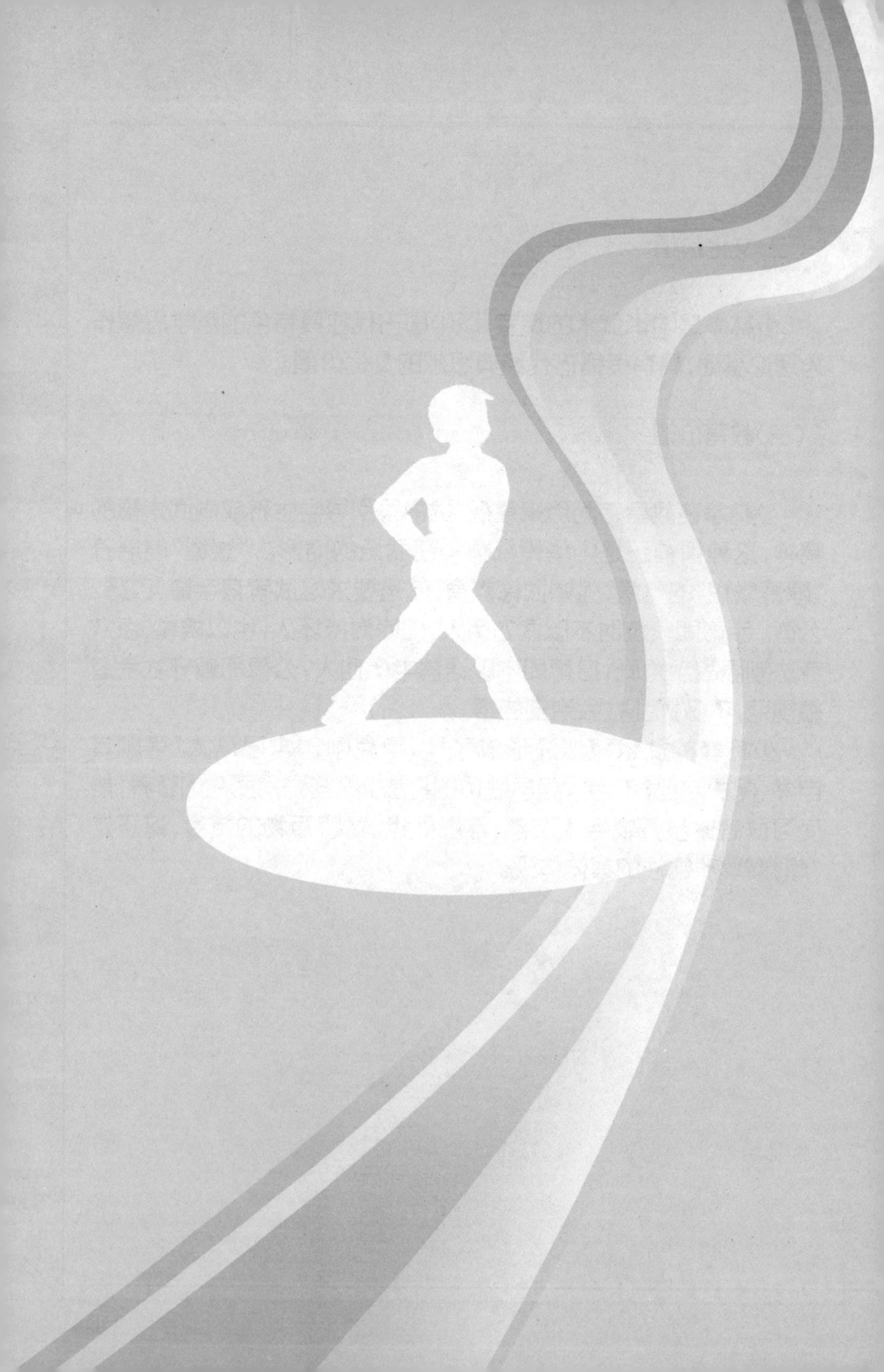

第八章 少林拳场地和装备

少林拳形式多样，内容复杂多变，具有很强的观赏性和艺术性，在比赛中对场地和装备都有很高的要求。高质量的场地是练习少林拳的前提，而良好的装备是活动参与者发挥自如的必要保证。

第一节 场地

一般情况下,少林拳初学者可以在空地或家里地板上进行练习。但是,高水平的少林拳运动最好在体育馆或武术馆内的正规场地进行,以减少不必要的运动损伤。

一、规格

(1)单练和对练项目的场地为长 14 米、宽 8 米;
(2)集体项目的场地为长 16 米、宽 14 米;
(3)场地四周内沿应标明 5 厘米宽的边线,周围至少有 2 米宽的安全区(集体项目场地周围至少有 1 米宽的安全区);
(4)场地的两长边中间各有一条长 30 厘米、宽 5 厘米的中线标记。

二、设施

正规的比赛场地必须铺设地毯。

三、要求

（1）比赛场上空，从地面量起至少应有 8 米的无障碍空间；

（2）如设两个以上比赛场地，两场地之间应有 6 米以上的距离。

第二节 装备

少林拳的服装一般都是中式对襟，初学者在练习时最好穿专门的武术服和武术鞋，这样既有利于动作的练习和美感，同时又可避免不必要的运动损伤。

一、服装

（一）款式（见图 8-2-1）

（1）女子为中式半开门小褂（长袖或短袖自定），5 对中式直襻，男子为中式对襟小褂（长袖或短袖自定），7 对中式直襻；

（2）灯笼袖，袖口处加 2 对中式直襻；

（3）扎软腰巾，中式裤、西式腰，立裆要适宜。

图 8-2-1

(二)材质

服装舒适即可,原料可自由选择,但一般有以下原则:

(1)如果拳风扎实、沉着,步法稳健,选用平绒面料做背心,效果比较好;

(2)如果拳风柔美、潇洒、犹如飞凤,应选择双绉或绸缎的面料为好。

二、鞋

比赛和表演中常见的是以羊皮或帆布制面、软胶制底的武术表演专用鞋,这种鞋既舒服又美观。

第九章 少林拳基本技术

少林拳的基本技术是少林拳练习的入门技术，是各种套路动作的基础。只有熟练掌握了基本技术，才能在套路表演中挥洒自如、游刃有余。基本技术包括手形与手法、步形与步法，以及由这些手形与手法、步形与步法构成的基本动作组合。

第一节 手形与手法

手形与手法是少林拳动作套路的基本要素,需要初学者最先学习和掌握。

一、手形

手形包括拳、掌、勾等。

(一)拳

1. 动作方法(见图9-1-1)

五指卷握,拇指紧压在食指和中指的第二指节上。

2. 技术要点

握拳要紧,拳面要平。

图9-1-1

(二)掌

1. 动作方法(见图9-1-2)

五指并拢,拇指弯曲,其余四指伸直。

2.技术要点

手指并拢要紧,尽量伸直。

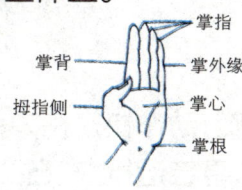

图 9-1-2

(三)勾

1.动作方法(见图 9-1-3)

五指的第一指节捏拢在一起,同时屈腕。

2.技术要点

五指不要过于弯曲,尽量屈腕。

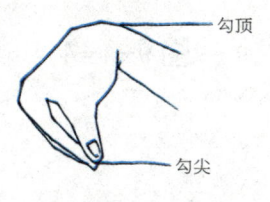

图 9-1-3

二、手法

手法包括冲拳、击掌、架拳、亮掌和勾手亮掌等。

(一)冲拳

1.动作方法(见图 9-1-4)

(1)两脚平行开立,与肩同宽,两手握拳抱于腰间,拳心向上,

目视前方;

(2)右拳从腰间向前冲出,高与肩平,同时前臂内旋,拳心向下转。

2.技术要点

(1)冲拳时要拧腰、挺胸,动作快速有力;

(2)两拳冲、收要贴肋,直线运行,左右交替练习。

图 9-1-4

(二)击掌

1.动作方法(见图 9-1-5)

(1)两脚平行开立,两手抱拳于腰间,目视前方;

(2)右拳变掌,用力向前击出,与肩同高,同时右前臂内旋,掌根向前用力,指尖向上,小指一侧朝前,呈侧立掌。

2.技术要点

(1)击掌时要转腰、顺肩、挺胸、直臂、翘指;

(2)两掌击、收要贴肋,直线运行,左右交替练习。

图 9-1-5

（三）架拳

1. 动作方法（见图 9-1-6）

（1）两脚平行开立，两手抱拳于腰间，拳心向上，目视前方；

（2）右拳向下、向左、向上弧形摆动，停于头部右上方，拳眼斜向下，右臂保持一定弧度，同时头向左转，目视左前方。

2. 技术要点

撑架时旋膀、塌腕、顶头、沉肩，肘部略屈，眼神要与动作协调，左右交替练习。

图 9-1-6

（四）亮掌

1. 动作方法（见图 9-1-7）

（1）两脚平行开立，与肩同宽，两拳抱于腰间，拳心向上，目视前方；

（2）右拳向右、向上弧形摆动，至头部右上方时，抖腕亮掌，掌心向上，同时头向左转，目视左前方。

2.技术要点

亮掌时抖腕翘指，顶头沉肩，肘部略屈，动作轻快有力，并和甩头一致，左右交替练习。

图9-1-7

（五）勾手亮掌

1.动作方法（见图9-1-8）

（1）两脚并步站立，两拳抱于腰间，拳心向上，目视前方；

（2）右拳变掌经身体右侧向上摆动于腰间，目视右手；

（3）左拳变掌从右小臂上向右前上方穿出，右手随之向左、向下弧形摆动；

（4）上动不停，左手经头上翻转手心，向外并向左、向下弧形摆动至体后变勾，勾尖朝上，同时右手继续向右侧上方摆动，至头顶抖腕亮掌，掌心向上，与此同时头向左转，目视左前方。

2.技术要点

（1）动作幅度要大，两手配合要协调；

（2）注意松肩、直臂、头正；

（3）在亮掌同时，左腿亦可屈膝提起，收控于体前，呈提膝亮掌。

图 9-1-8

第二节 步形与步法

步形与步法是少林拳动作套路的基本要素，初学者应认真学习和掌握。

一、步形

步形包括弓步、马步、仆步、虚步、歇步、坐盘、丁步和叉步等。

（一）弓步

1. 动作方法（见图 9-2-1）

（1）左脚向前迈一大步，屈膝前弓，脚尖向前或略向内扣，膝关节和脚尖垂直；

（2）右腿挺膝后伸，脚尖斜向前方，两脚均全脚着地；

（3）两手抱拳于腰间，或两手叉腰，上体正直，目视前方。

2.技术要点

(1)前腿屈弓,后腿绷直,挺胸,塌腰;

(2)前后脚不可站在一条直线上。

图 9-2-1

(二)马步

1.动作方法(见图 9-2-2)

(1)两脚平行开立,左右脚之间距离约为 3 个脚长,两腿屈膝半蹲,大腿接近水平,身体重心落于两脚之间;

(2)两手抱拳于腰间或叉腰,目视前方。

2.技术要点

(1)挺胸,塌腰,顶头,沉肩;

(2)全脚掌着地,脚跟向外蹬,膝略向内扣。

图 9-2-2

(三)仆步

1. 动作方法(见图9-2-3)

(1)右腿屈膝全蹲,脚尖与膝关节略向外展,左腿向左侧,挺膝伸直,脚尖内扣;

(2)两手抱拳于腰间或叉腰,头向左转,平视左方。

2. 技术要点

(1)挺胸,直腰,沉髋;

(2)两脚全脚掌着地,上体可略向前倾,左右交替练习。

图 9-2-3

(四)虚步

1. 动作方法(见图9-2-4)

(1)右腿屈膝半蹲,脚尖外展约45°;

(2)左脚向前迈半步,脚尖内侧虚点地面,脚跟提起,膝关节略屈,并略向内扣,重心落于右腿;

(3)两手叉腰,目视前方。

2. 技术要点

(1)挺胸,塌腰,两腿前虚后实;

(2)上体可略向前倾,左右交替练习。

图 9-2-4

(五)歇步

1. 动作方法(见图 9-2-5)

(1)两脚前后交叉,左脚在前,脚尖外展,全脚掌着地,右脚在后,脚后跟离地,后腿的膝关节贴于前膝的外侧,臀部接近后脚跟处;

(2)两手叉腰或抱拳于腰间,上体略向左转,目视左前方。

2. 技术要点

挺胸,直腰,两腿贴紧,前后交换,左右交替练习。

图 9-2-5

(六)坐盘

1. 动作方法(见图 9-2-6)

(1)两膝前后交叉,臀部坐于地面上;

(2)右腿外侧膝关节着地,大小腿及脚外侧均着地,左脚尖外展,全脚着地(或脚尖虚点地面),屈膝贴于胸前;
　　(3)两手抱拳于腰间,或于体前叉掌,目视前方。
　　2.技术要点
　　(1)挺胸,直腰,转体,上体可略向前俯;
　　(2)左脚在前时上体尽量向左转,反之则向右转,左右交替练习。

图 9-2-6

(七)丁步

　　1.动作方法(见图 9-2-7)
　　(1)右腿屈膝半蹲;
　　(2)左腿屈膝,脚尖点地于右腿内侧,重心落于右腿;
　　(3)两手叉腰或抱拳于腰间,目视前方。
　　2.技术要点
　　挺胸,塌腰,两腿虚实分清,左右交替练习。

图 9-2-7

(八)叉步

1. 动作方法(见图 9-2-8)

(1)右脚在前,脚尖外展,右腿屈膝前弓;

(2)左腿在右脚后叉步,脚尖向前,脚跟提起,腿伸直;

(3)上体右转,两手叉腰,目视前方。

2. 技术要点

(1)挺胸,塌腰,转体,前腿屈弓,后腿蹬直;

(2)右腿在前时,上体尽量右转,反之则向左转,左右交替练习。

图 9-2-8

二、步法

少林拳的步法轻快稳健、灵活多变,包括击步、踏步、跨跳步和弧形步等。

(一)击步

1. 动作方法(见图 9-2-9)

(1)两脚前后开立,左脚在前,右脚在后,两手叉腰,身体侧对

前进方向,目视前方;

(2)重心前移,后脚提起,脚随即蹬地前冲,腾空中接后脚脚弓碰击前脚脚跟;

(3)落地时后脚先落,前脚后落,平视前方。

2.技术要点

两脚在空中碰击时,上体保持正直,两腿伸直摆动,并要有前纵趋势。

图 9-2-9

(二)踏步

1.动作方法(图 9-2-10)

(1)两脚前后开立,左脚在前,右脚在后,两手叉腰,身体侧对前进方向,目视前方;

(2)重心前移,右脚提起向左脚跟处踏落,随即左脚提起,向前落地,目视前方。

2.技术要点

(1)右脚提起时膝关节弯曲,踏落时用力;

(2)上体保持正直,侧向前方。

图 9-2-10

(三)跨跳步

1. 动作方法(见图 9-2-11)

(1)左脚在前,右脚在后,两手叉腰,目视前方;

(2)右脚提起前摆,左脚蹬地纵跳,然后两脚依次落地。

2. 技术要点

(1)上步时避免脚尖外展;

(2)避免含胸驼背。

图 9-2-11

(四)弧形步

1. 动作方法(见图 9-2-12)

(1)左脚在前,左腿屈膝前弓,脚尖外撇,右脚在后,脚掌着地,

右腿伸直；

（2）右掌停于头部上方，手心向上，左手侧摆于体侧，掌指向上，手心向外，目视左后方；

（3）重心前移，右脚向前上一步，脚尖外展，同时身体略向右转，目视左后方；

（4）左、右脚相继向前上步，上体姿势保持不变。

2.技术要点

（1）两腿保持半蹲姿势，行走时重心平稳，并略向内扣，走弧线；

（2）挺胸，塌腰。

图 9-2-12

第三节 动作组合

少林拳的动作组合由手形、步形、手法和步法等基本动作组成，是学习拳术套路的基础，包括仆步抡拍、仆步穿掌和弓步冲拳等。

一、仆步抡拍

1. 动作方法（见图9-3-1）

（1）两脚并步站立，两臂垂于体侧，目视前方；

（2）右脚向右后方撤步，呈左弓步，上体随之左转，同时右臂向左下方伸出，掌心向里，拇指一侧向上，左臂屈肘于胸前，手心向下；

（3）右臂向上、向右抡摆，左臂由右臂内侧下落，同时上体右转；

（4）身体继续向右后转，同时右臂直臂向下、向后，随身体的转动摆至右后方，左臂直臂向上、向前摆至前上方。

2. 技术要点

两臂直臂抡摆要靠近身体，以腰为轴，由慢而快。

图9-3-1

二、仆步穿掌

1. 动作方法（见图9-3-2）

（1）两脚并步站立，两拳抱于腰间；

（2）左拳变掌向左、向上，经头部上方向右盖掌，右拳变掌从左

手背上向斜上方穿出,掌心向上,左掌顺势收于右腋下,掌心向下,同时左腿屈膝提起,脚面绷平并内扣,上体略向右转,目视右手;

(3)右腿屈膝下蹲,左腿迅速平仆,呈左仆步,脚尖内扣,同时左手经胸前向下,沿左腿内侧穿掌至脚面,右臂伸直于身体右侧,手心均向前,目视左手;

(4)重心前移,左脚尖外展,右脚向左脚前上一步,脚尖点地,呈右虚步,同时左劈上挑并向上、向后摆动,在身体的侧后方变勾手,勾尖向下,右臂向下、向前、向上挑掌,呈立掌,目视右手;

(5)重心前移至右腿,左脚收至右脚旁,呈并步,同时两手收于腰间抱拳,拳心向上,目视左前方。

2. 技术要点

提膝与穿掌同时完成。

图 9-3-2

三、弓步冲掌

1. 动作方法(见图 9-3-3)

(1)两脚并步站立,两拳抱于腰间;

(2)左脚向左侧迈出一步,呈左弓步,同时左手向左平搂并收回腰间变拳,拳心向上,右拳向前猛力冲出,拳心向下,目视前方;

(3)右脚向前上一步,呈半马步,重心前移,左脚脚跟向外蹬,

呈右弓步,同时左拳从腰间向前猛力冲出,拳心向下,右拳随之收回腰间,拳心向上。

2. 技术要点

弓步时要做到前腿弓,后腿绷,冲拳和蹬腿要统一。

图 9-3-3

第十章 少林长拳

少林长拳简单易学，有利于提高身体的协调性、灵敏性和力量，是一种适合青少年学习和练习的少林拳套路。整个套路动作连贯、一气呵成，但为了方便学习，初学者可分段进行练习，包括预备势、第一段、第二段、第三段、第四段和收势等。

第一节 预备势

1. 动作方法（见图 10-1-1）

两腿伸直，两脚靠拢，两臂垂直于身体两侧，两手五指并拢，贴靠两腿外侧。

2. 技术要点

（1）头要端正，下颌内收，向前平视；

（2）挺胸，直腰，松肩，两臂自然下垂；

（3）精神贯注，呼吸均匀，神情安然。

图 10-1-1

第二节 第一段

第一段包括并步抱拳、分掌前踢腿、震脚砸拳、提膝分掌、跃步前穿、弓步冲拳、丁步下冲拳、弓步劈掌、插步双摆掌、翻腰抡臂、斜飞脚和提膝冲拳。

一、并步抱拳

1. 动作方法（见图 10-2-1）

两掌握拳，两臂外旋，两臂从身体两侧向上屈肘抱于腰间，拳心朝上。

2. 技术要点

（1）握拳时要四指卷拢，拇指按于食指和中指第二指节上，拳面要平；

（2）松肩，挺胸，塌腰，精神集中，摆头与握拳同时完成。

图 10-2-1

二、分掌前踢腿

1. 动作方法（见图 10-2-2）

（1）左脚向前上一步，左腿支撑，上体重心前移，同时双拳变掌，从体侧两旁向前交叉斜插，掌心向上，左手在上，右手在下，两臂内旋向上，向体侧两旁直臂划弧，两臂内旋向左右两侧分掌，掌指朝上，略高于肩，拇指一侧朝前，目视前方；

（2）右脚脚尖上翘勾紧，从下向前、向上直腿前踢，目视脚尖。

2.技术要点

(1)上步与穿掌同时进行；

(2)分掌时臂要伸直,踢脚时必须先完成分掌；

(3)踢脚时右腿要收胯,向前额部位踢,不要超过头顶；

(4)踢腿时要以小腿带动大腿,上踢要快速有力。

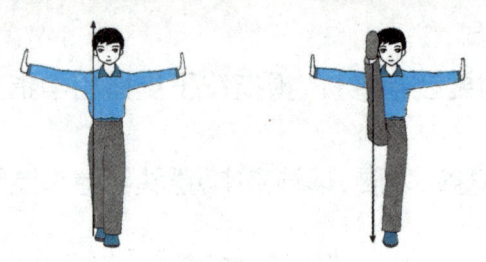

图 10-2-2

三、震脚砸拳

1.动作方法(见图 10-2-3)

(1)右脚落于左脚内侧,呈并步；

(2)左脚向右腿前上步,同时右掌从右侧屈肘,拇指朝下,向身前斜插掌,在身前与左掌交叉,经左侧向右侧直臂划弧,左掌、左臂内旋,屈肘,拇指朝下,从左侧向下、向上经身前直臂划弧上举,右掌在里,左掌在外,掌心朝下,目视左掌；

(3)右腿屈膝上提,脚面绷直,脚尖朝下,同时右掌继续向右、向后、向上直臂划弧上举,五指并拢握拳,拳心朝前,左掌向左侧下方直臂划弧,掌心朝上,掌指朝前,目视前方；

(4)左腿略屈,右脚在左脚内侧以脚掌跺地,震脚并步,两腿半蹲,同时右拳屈肘旋臂,向身前与左掌相击砸拳,拳心朝上,目视右拳。

2.技术要点

(1)两掌互插掌要与迈步同时完成；

(2)震脚砸拳时,下蹲、震脚、砸拳要同时完成。

图 10-2-3

四、提膝分掌

1.动作方法(见图 10-2-4)

(1)左脚在身体左侧提起,脚面绷直,脚尖朝下,右腿伸直站立；

(2)同时两臂外旋向上、向左右两侧直臂分掌,拇指朝上,目视左方。

2.技术要点

提膝与分掌摆头同时完成。

图 10-2-4

五、跃步前穿

1. 动作方法(见图10-2-5)

(1)身体左转,左脚向前落步,重心前移,右脚跟离地,同时右掌从右直臂向下、向前屈肘抄起,掌心朝前下,掌指朝左,左掌向左斜后直摆,掌心朝后,目视右掌;

(2)左脚蹬地跃起,右脚向前跃步落地,左脚在体后,屈膝提起,同时右掌从身前向上体右转,向右悬臂弧形摆掌,掌指朝上,掌心朝右,左掌臂内旋,经下向前、向上直臂弧形摆至头左侧时呈亮掌,掌指朝右,掌心朝上,目视右掌;

(3)左脚向左前落步,右腿屈膝全蹲,左腿平铺地面伸直,上身随即向左转呈左仆步,同时右掌变拳,屈肘收抱于右腰侧,拳心朝上,左掌从上向右肩前方屈肘下落,掌心朝右,掌指朝上,目视左侧。

2. 技术要点

(1)跃步不必太高,两脚离开地面即可,落地要轻;

(2)两臂划弧时应与步法配合,协调一致,右脚落步时两掌应摆至后方,左脚落步时左掌应按至右肩。

图10-2-5

六、弓步冲拳

1. 动作方法（见图 10-2-6）

（1）右腿挺膝蹬直，左腿屈膝半蹲，呈左弓步；

（2）同时左掌从右肩向前、向左后横搂至左脚外侧时变拳，左臂外旋屈肘收抱于左腰侧，拳心朝上，右拳从右腰侧向前平拳冲出，拳心朝下，目视前方。

2. 技术要点

冲拳快速有力，肘和腕关节要伸直，拳背略高于肩。

图 10-2-6

七、丁步下冲拳

1. 动作方法（见图 10-2-7）

（1）身体右转，右腿屈膝半蹲，左脚收于右脚内侧，脚尖点地呈丁步；

（2）同时左拳从左腰侧向左下平直冲拳，拳心朝下，右拳臂外旋，屈肘收抱于右腰侧，目视左拳。

2. 技术要点

（1）冲拳快速有力，握拳要紧，两肩松沉，拳背略高于肩；

（2）冲拳与收腿同时完成。

图 10-2-7

八、弓步劈掌

1. 动作方法（见图 10-2-8）

（1）左脚向左斜前方上步，重心前移，同时左掌内旋，向下、向右、向前上掳手，虎口朝上；

（2）右脚向左脚前方上步，右腿屈膝半蹲，左腿挺膝伸直，脚尖里扣，呈右弓步，同时右拳从右腰侧向右后方，臂外旋，向上、向前下方直臂弧形劈拳，拳根朝上，拳心朝左，左掌臂外旋，抓握右小臂，目视右拳。

2. 技术要点

（1）左拳做掳手动作时，腰先向右转，再向左转；

（2）右劈拳与弓步同时完成；

（3）劈拳不要高过肩，要松肩、拔背、直腰。

图 10-2-8

九、插步双摆掌

1. 动作方法（见图 10-2-9）

（1）以两脚为轴，身体左后转，左腿屈膝半蹲，右腿挺膝伸直，呈左弓步，同时左掌臂内旋，向上经头部上方向左直臂划弧，臂与肩平，掌指朝上，小指侧朝前，右拳变掌随左掌向上，经头部上方向左屈肘下按，附于左肘内侧，掌指朝上，小拇指侧朝前，目视左掌；

（2）左脚向右脚后插步，左腿挺膝伸直，以脚掌点地，右腿屈膝半蹲呈右倒插步，同时左臂内旋，右臂外旋，两掌从前向下、向右弧形摆掌，两掌掌指均朝上，左掌屈肘附于右肘内侧，右臂与肩平，目视右掌。

2. 技术要点

（1）摆掌要快速，肩关节放松，眼神、身体与两掌协调一致；

（2）两脚虚实分明。

图 10-2-9

十、翻腰抡臂

1. 动作方法（见图 10-2-10）

（1）上身向前下俯，左掌从右肩处反臂冲直向下、向左、向上绕环抡摆，掌心朝上，眼随左掌转动；

（2）两脚掌碾地，上身从右向上、向后拧腰，迅速翻转，左掌和右掌随上身翻转，呈车轮形翻转，目视前方。

2. 技术要点

（1）动作连贯，不要迟缓中断；

（2）插步拧腰、翻身时，上身前俯，构成翻转的横轴。

图 10-2-10

十一、斜飞脚

1. 动作方法（见图 10-2-11）

（1）身体左转，左脚向前上半步，同时左掌向左、向下、向后绕环抡摆，掌心朝下，右掌随之从右后方向上、向前，臂外旋绕环抡摆，掌心朝上，掌指朝前，目视右掌前方；

（2）右腿向前上，摆动踢起，脚面绷紧，脚尖向前，同时左掌劈外旋，直臂从左后向上、向前摆掌，用掌心拍击右脚面，右掌随之屈肘、握拳，收抱于右腰侧，拳心朝上，目视右脚。

2. 技术要点

（1）抡摆拍击右脚时要脆快响亮；

（2）左腿支撑要挺膝伸直，转腰，左臂向前伸张。

图 10-2-11

十二、提膝冲拳

1. 动作方法(见图 10-2-12)

(1)右脚向前落地,重心前移,右腿挺膝伸直站立,左腿屈膝于身前提起,左脚背绷直,脚尖朝下;

(2)同时左掌臂外旋,握拳屈肘,回收抱于左腰侧,拳心朝上,右掌臂内旋,从右腰侧向前平直冲拳,拳面向前,拳心朝下,目视右拳。

2. 技术要点

(1)落步提膝、抱拳和冲举同时完成;

(2)呈提膝姿势后,左腿要提膝,右腿直立,右脚前掌用力抓地,左腿要屈膝高提,左脚脚底要贴紧右脚前侧。

图 10-2-12

119

第三节 第二段

第二段包括提膝穿掌、仆步插掌、虚步撩掌、歇步反栽拳、侧蹬腿、转身马步盘肘、弓步冲拳、弹踢推掌和马步冲拳。

一、提膝穿掌

1．动作方法（见图10-3-1）

（1）左脚向右脚后落步，重心移至左腿，提膝伸直站立，右脚在身前屈膝提起，右脚面绷直，脚尖朝下；

（2）同时左拳变掌，从左腰侧向前直臂穿出，身体略右转，掌指朝前，掌心朝上，右拳变掌，臂外旋屈肘收至左腋下，掌心朝上，掌指朝前，目视左掌前方。

2．技术要点

提膝与穿掌必须同时完成。

图10-3-1

二、仆步插掌

1. 动作方法（见图 10-3-2）

（1）身体右转，右腿向右后落步，左腿屈膝全蹲，右腿伸直平铺地面，右脚尖里扣，呈右仆步；

（2）同时右掌屈肘向下，向右胸处直臂插掌，掌指朝左，掌心朝前，上体向右脚探倾，左掌臂内旋，掌指朝左，掌心朝前，目视右掌前方。

2. 技术要点

仆步腿必须全蹲，向前插掌时身体要前探。

图 10-3-2

三、虚步撩掌

1. 动作方法（见图 10-3-3）

（1）身体前起，左脚向右脚前方上步，重心移至右腿，左脚面绷直，以脚尖虚点地面，右腿屈膝半蹲，脚尖里扣，呈左虚步；

（2）同时右掌向上经头部上方直臂弧形摆至体后，五指捏成勾手，勾尖朝下，左掌向下，经左腿外侧直臂向前上撩掌，掌指朝上，

小拇指一侧朝前,目视左掌。

2.技术要点

(1)虚步时身体重量全部落于右腿,两腿虚实必须分明;

(2)左臂伸直,勾手略高于肩,左肩向后牵引,左掌屈腕,掌指外展,高与眉齐,左肩向前牵引。

图 10-3-3

四、歇步反栽拳

1.动作方法(见图 10-3-4)

(1)身体左转,左脚尖外展,左大腿压于右大腿上,左腿全脚掌触地,右脚掌里扣,右脚跟翘起,臀部靠近右脚跟,坐于小腿上,两腿全蹲呈歇步;

(2)同时右勾手握拳臂内旋,屈肘于右肩处向下反旋栽拳,拳面朝下,拳心朝左,左掌屈肘收于右肩前,掌指朝上,小拇指一侧朝前,目视右拳。

2.技术要点

(1)歇步与反栽拳要同时完成;

(2)歇步时两腿必须叠拢;

(3)右拳向下牵引时防止左肩耸起,腰向左拧,挺胸,塌腰。

图 10-3-4

五、侧蹬腿

1. 动作方法（见图 10-3-5）

左腿挺膝伸直站立，同时右腿屈膝提起，脚尖朝上勾紧，向右侧上方蹬出，目视右腿。

2. 技术要点

（1）起立和蹬腿必须同时完成；

（2）蹬腿时脚跟用力，脚尖勾紧，蹬出高度要高于肩，直腰，挺胸，收髋。

图 10-3-5

六、转身马步盘肘

1. 动作方法（见图 10-3-6）

（1）右脚于左脚前落步，脚尖碾地，左脚尖外展，上身随之右

转,左脚向左上一步,两腿屈膝半蹲呈马步;

(2)同时右拳变掌,向右后平搂手,臂内旋屈肘,握拳收抱于右腰侧,左掌变拳,屈肘臂内旋,向前格挡,拳面朝上,掌心朝里,目视左拳。

2.技术要点

(1)马步与盘肘要同时完成,右肩略向后牵引,左拳高与胸齐;

(2)挺胸,直背,塌腰,马步要展膝。

图 10-3-6

七、弓步冲掌

1.动作方法(见图 10-3-7)

(1)左脚向左上半步,上体左转,左腿屈膝半蹲,右脚挺膝伸直,脚尖里扣,呈左弓步;

(2)同时左拳收回左腰间,向左、向后搂手,屈肘握拳,收抱于左腰侧,右拳从右腰侧内旋向前平直冲拳,拳心朝下,拳面朝前,目视右拳。

2.技术要点

(1)转身、搂手、弓步和冲拳同时完成;

(2)冲拳与肩同高,右肩略向前牵引,左肩略向后牵引;

(3)左腿大腿蹲平,右腿挺膝,胯部里扣;
(4)挺胸,直背,塌腰。

图 10-3-7

八、弹踢推掌

1.动作方法(见图 10-3-8)

(1)重心移至左腿,左腿挺膝伸直支撑,右腿屈膝提起,脚面绷紧,小腿用力向前弹出;

(2)右拳臂外旋,屈肘收抱于右腰侧,拳心朝上,左拳变掌,臂内旋立掌,向前平直推出,掌指朝上,小拇指一侧朝前。

2.技术要点

(1)弹腿与拉掌抱拳同时完成;

(2)弹腿快速有力、高不过腰,挺胸,直背,拔腰。

图 10-3-8

九、马步冲掌

1. 动作方法（见图10-3-9）

（1）右腿向前落步，上体左转，右脚跟碾地，脚尖里扣，左脚脚跟碾地，脚尖外撇，两腿屈膝半蹲呈马步；

（2）左掌臂外旋，抱拳屈肘收抱于左腰侧，拳心朝上，右拳从右腰侧，臂内旋向右平直冲拳，拳心朝下，目视右拳。

2. 技术要点

冲拳要握紧，高不过肩。

图10-3-9

第四节 第三段

第三段包括回身弓步撩击掌、仆步斜下冲拳、震脚插掌、提膝架压掌、侧踢腿、虚步盘肘、弓步盘肘、震脚弓步双推掌和高虚步上冲拳。

一、回身弓步撩击掌

1. 动作方法（见图10-4-1）

（1）上体左转，左脚向前上半步，屈膝半蹲，右腿伸直呈左弓步；

（2）同时右拳变掌，从右腰侧向斜下方撩掌，掌心朝上，掌指朝前，左掌臂内旋变掌，向前、向下呈横掌，掌心朝下击右小臂，目视右掌。

2. 技术要点

弓步与击掌动作要同时完成。

图10-4-1

二、仆步斜下冲拳

1. 动作方法（见图10-4-2）

（1）重心后移，右腿屈膝全蹲，左腿挺膝伸直，平铺地面，右脚尖里扣，呈左仆步；

（2）同时右掌变拳收抱与右腰侧，拳心朝上，左掌握拳向仆脚斜前方冲打，掌心朝下，拳面朝前，目视左拳。

2.技术要点

（1）仆步腿与冲拳要同时完成；

（2）仆步腿的同时要切胯全蹲，上体向前探倾，防止撅臀、拱背、掀脚；

（3）右肩后牵引，左肩向前下牵引。

图 10-4-2

三、震脚插掌

1.动作方法（见图 10-4-3）

（1）身体起立，重心移至左腿，屈膝半蹲，右脚向前上步，于左脚内侧落步震脚呈并步，屈膝半蹲；

（2）同时右拳变掌，屈肘提于胸前，向斜前下插掌，与左掌相搓，拇指朝上，掌指朝前，左掌臂外旋变掌，随之屈肘收于右肘前，掌心朝右，掌指朝前，紧贴右臂，目视右掌。

2.技术要点

（1）重心前移，右腿屈膝，右脚抓地、站稳；

（2）下蹲、震脚和插掌同时完成；

（3）两腿并拢靠紧，防止臀部上撅，两肩下沉，右肩前伸。

图 10-4-3

四、提膝架压掌

1. 动作方法（见图 10-4-4）

（1）右腿挺膝直立，左脚随即屈膝在身前提起，左脚面绷平，脚尖朝下呈提膝；

（2）同时右臂外旋，从前向下、向右后方直臂弧形绕环摆动，至上方时屈肘、屈腕、抖手，呈横掌架于头上方，掌指朝左，掌心朝前，左臂外旋，掌心朝上，左手于右臂上方向前穿出，臂内旋呈横掌，屈臂屈腕，使掌心按于左膝上，虎口朝下，掌指朝右，目视前方。

2. 技术要点

（1）左腿提起与架压掌同时完成；

（2）左掌按于右膝处，拇指与食指分开呈"八"字形，虎口朝下。

图 10-4-4

五、侧踢腿

1. 动作方法（见图 10-4-5）

（1）左脚向前落步，上身左转，同时右掌变拳，从上向前直臂外旋，下劈于裆前，拳眼朝上，拳心朝左，左掌握拳臂外旋，从前向下，经左后方向上直臂弧形上举，横架于头顶，拳眼朝下，拳心朝前；

（2）上动不停，右脚尖勾紧，右腿直腿在右侧向上踢起，目视右前方。

2. 技术要点

（1）上身左转、右踢腿和两臂划弧同时完成；

（2）踢腿时脚底朝上，向体侧右肩后方踢起，两腿伸直，上身保持正直，挺胸，头上顶；

（3）肩、肘、臂自然放松，协调一致。

图 10-4-5

六、虚步盘肘

1. 动作方法（见图 10-4-6）

（1）右脚向右前方落步，重心移至右腿，屈膝半蹲，左脚上步，

脚面绷直以脚尖虚点地面,呈左虚步;

(2)同时右拳向前上方,臂外旋,向后、向下绕环屈肘收抱于右腰侧,掌心朝上,左拳从上向左后、向下、向前直臂绕环,旋臂屈肘,向前方挑起,拳眼朝左,拳心朝上,高不过肩,目视左拳。

2.技术要点

(1)上步、胯肘和虚步同时完成;

(2)虚步要半蹲、收胯、裹裆、扣膝,重心全部落于右腿,左脚尖虚点地面,虚实分明;

(3)左肘关节必须屈肘下垂,与左膝相对,左拳与左脚尖相对;

(4)上体略前倾,但要挺胸、直背、塌腹。

图 10-4-6

七、弓步盘肘

1.动作方法(见图 10-4-7)

(1)右脚向前上一步,屈膝半蹲,左脚伸直呈右弓步;

(2)同时右臂屈肘向前横击,肘尖朝前,右拳在右腋下,拳心朝下,左拳变掌,屈肘下落于胸前握右小臂,虎口朝上,肘贴左胸侧,

目视右肘。

2.技术要点

(1)上步与盘肘同时完成；

(2)肘不得高于肩,腰向左拧；

(3)头上顶,挺胸,拔背,塌腰。

图 10-4-7

八、震脚弓步双推掌

1.动作方法(见图 10-4-8)

(1)重心后移,左腿挺膝伸直,右腿屈膝提起,脚面绷直,脚尖朝下,同时右拳变掌,两臂收回腰间,与左掌同时向前推出,掌心朝前；

(2)右脚向前落步跺地,挺膝伸直,左脚向前上步,左腿屈膝半蹲,呈左弓步,同时两掌随即从两腰侧向前平直立掌推出,掌指朝上,小指一侧朝前,目视两掌。

2.技术要点

(1)震脚、收掌和提膝同时完成；

（2）推掌与上步同时完成；

（3）挺胸，直背，塌腰，推掌略伸直。

图 10-4-8

九、高虚步上冲拳

1. 动作方法（见图 10-4-9）

（1）掌右臂外旋，握拳收于右腰侧，拳心朝上，眼视前方；

（2）右腿向前上步，右脚跟碾地，身体左转，重心移至右腿，挺膝伸直，左脚在右脚前方上步，脚面绷直，以脚尖虚点地面呈高虚步；

（3）同时，右拳从右腰侧向上直立冲出，拳面朝上，拳眼朝后，左臂屈肘收于右腋旁，掌指向上，掌心朝右，目视左方。

2. 技术要点

（1）冲举与提膝同时完成；

（2）挺胸，直背，塌腰，右肩向上牵引，左肩松沉，下肢挺膝伸直，右脚掌抓地，稳固站立。

图 10-4-9

第五节 第四段

第四段包括弓步横砍掌、歇步十字抱拳、分掌侧踹、弓步架栽拳、抡臂弹踢腿、回身弓步砸拳、插步顶肘、翻腰扣脚劈掌、弓步靠身掌、回身弓步压线、云手虚步架栽拳和分掌退步并步抱拳。

一、弓步横砍掌

1.动作方法(见图 10-5-1)

(1)左脚向前上步,挺膝伸直,右脚随即向前上一步,屈膝半蹲呈右弓步;

(2)左掌向前、向左横搂,臂外旋,握拳屈肘收抱于左腰侧,右拳变掌,臂内旋,从右后向下、向前弧形横砍掌,掌心朝上,掌指朝前。

2.技术要点

(1)弓步与砍掌同时完成；

(2)砍掌要从横面向前砍,快速有力,力点在掌根。

图10-5-1

二、歇步十字抱拳

1.动作方法(见图10-5-2)

(1)左脚收半步,右脚碾地,身体右转,屈膝下蹲,右大腿压左大腿上,全蹲呈歇步；

(2)同时左拳变掌,屈肘插于右掌臂下,右掌臂内旋屈肘抱于胸前,两掌交叉,目视双掌。

2.技术要点

(1)下蹲与抱掌同时完成；

(2)抱掌时两臂屈肘于胸前。

图 10-5-2

三、分掌侧踹

1. 动作方法(见图 10-5-3)

(1)右腿直立,左腿屈膝提起,脚尖勾紧侧向前,用左脚跟向左侧踹出,脚跟朝后,上体略向右倾斜;

(2)双掌同时向左右伸出侧平举,掌指朝前,虎口朝下,目视左掌。

2. 技术要点

(1)分掌和侧踹同时完成;

(2)踹腿快速有力,力达全脚,支撑腿要稳固;

(3)挺胸、塌腰、沉肩、分掌时臂要伸直,虎口朝下;

(4)身体要侧倒,踹腿时脚尖要勾紧,左脚要横踹,左腿外侧朝上,脚尖朝前。

图 10-5-3

四、弓步架栽拳

1. 动作方法（见图 10-5-4）

（1）左脚向前落步，屈膝半蹲，右腿挺膝伸直，上体左转呈左弓步；

（2）同时左掌向头部上方横架，右掌屈腕，臂外旋，经右腰侧向前直臂穿出，臂要伸直，掌心朝上，掌指朝前，目视右掌前方。

2. 技术要点

（1）插掌、架掌和弓步要同时完成；

（2）左肩向上伸张，右肩向前伸引。

图 10-5-4

五、抡臂弹踢腿

1. 动作方法(见图 10-5-5)

(1)左腿直立支撑,右腿屈膝于身前提起,脚面绷紧,小腿向前弹出;

(2)同时左掌从上向下落于左肩处,掌指朝上,掌心朝右,右臂下落向右后、向上、向前,再向上、向下直臂绕环一周半至体后时,五指呈反勾手,勾尖朝上,眼随右掌,向前平视。

2. 技术要点

(1)左手先落于右肩,再抡臂勾手,然后弹腿;

(2)弹腿时脚面绷紧,挺膝,快速有力,力达脚尖,高于胸平;

(3)支撑腿要挺膝伸直,挺胸,直背,收胯;

(4)反臂勾手尽量向后上提,勾腕。

图 10-5-5

六、回身弓步砸拳

1. 动作方法(见图 10-5-6)

(1)右脚向前落步,挺膝伸直,上体左转,左腿屈膝半蹲,呈左弓步；

（2）同时左掌随转体向下、向前、向上、向后，直臂划弧于胸前，掌心朝上，右勾手握拳，从右后方向下、向前直臂向上至头部上方时，臂内旋，拳心朝上，从上向下砸拳，右拳背击于左掌心，眼随左掌，目视右拳。

2．技术要点

（1）转身与绕环抡臂要协调一致；

（2）弓步与砸拳要同时完成，砸拳要响亮，挺胸，直背，塌腰，松肩，臀部下沉。

图 10-5-6

七、插步顶肘

1．动作方法（见图 10-5-7）

（1）左脚向右脚后撤步，左腿挺膝伸直，脚掌点地，脚跟掀起，右腿屈膝半蹲，呈插步；

（2）同时右拳臂内旋屈肘，以肘尖经体右侧身后顶出，拳心朝下，右拳在右肋旁，左掌臂内旋，抓握右拳，并随右拳向右侧平推，目视右肘。

2．技术要点

（1）插步与顶肘同时完成；

(2)顶肘时要拧腰、拧胯、挺胸、塌腰,肩要松沉;
(3)顶肘力点在肘,高与肩平。

图 10-5-7

八、翻腰扣脚劈掌

1.动作方法(见图 10-5-8)

(1)两脚掌碾地为轴,上体略下俯,从左向右、向后翻转,左腿屈膝半蹲,右脚离地贴靠左脚,脚尖勾扣左膝弯处呈扣脚;

(2)同时,左掌从右肩处反穿伸直向下、向前、向左上弧形直臂绕环抡摆,至身前屈肘收抱于右臂,掌心朝下,眼随左掌,右拳随即变掌,向下、向前、向上、向左后直臂绕环抡摆,右掌向左斜下方劈掌,掌心斜向上,掌指朝下,目视右掌。

2.技术要点

(1)抡臂翻腰必须连贯协调,不能迟缓中断;

(2)叉步、拧腰、翻身时,两脚掌碾地、腰背翻转和两臂绕环抡摆要同时完成;

(3)扣腿下劈掌时动作迅速、刚劲有力,力点在掌沿,劈掌要直臂，与扣腿同时完成；

（4）左腰侧拧，挺胸，身体前倾，右肩向前牵引，防止拱背、撅臀，扣腿时脚尖勾紧。

图 10-5-8

九、弓步靠身掌

1. 动作方法（见图 10-5-9）

（1）身体右转，右脚向前方落步，屈膝半蹲，左腿挺膝伸直，脚尖里扣呈右弓步；

（2）同时右掌向右上方弧形直摆呈挑掌，掌指斜向上，虎口斜朝右上，眼随右掌，左掌随即向左后下摆，直臂弧形，掌心朝下，掌指朝右，目视右掌前方。

2. 技术要点

（1）上步与挑掌同时完成，先以右肩背向前挤靠，然后右肘臂向前挑出；

（2）右掌高度与额平；

（3）挺胸，直背，塌腰，沉肩，身体略向右转。

图 10-5-9

十、回身弓步压线

1. 动作方法（见图 10-5-10）

（1）上体向左转，双脚掌碾地，左脚尖外撇，右脚尖里扣，右腿屈膝半蹲，左腿挺膝伸直呈右弓步；

（2）同时右掌从右向上、向身前屈肘按掌，掌心向下，掌指朝左，左掌随即臂内旋、屈肘，掌心向上，掌指朝右与右掌相对，目视右掌。

2. 技术要点

（1）回身压掌与弓步要同时完成，两臂必须屈肘；

（2）挺胸、直腰、松肩，身体略前倾。

图 10-5-10

十一、云手虚步架栽拳

1. 动作方法(见图 10-5-11)

(1)双掌从左向右出,以双肘为轴,臂内旋;

(2)右掌在下,左掌在上,掌心相对,重心后移,右腿屈膝半蹲,目视双掌;

(3)左脚收回半步,脚面绷直,以脚尖虚点地面,呈左虚步,同时左掌握拳,向下栽于左膝上方,扣腕,拳心朝外,拳面朝下;

(4)右掌握拳向下、向右后方、向上直臂弧形上举架于头部上方,掌心朝外,拳眼朝下,目视前方。

2. 技术要点

(1)云手要求柔而圆,双手不要分开,以两腕关节为轴,云手圆圈不要太大;

(2)虚步与栽拳同时完成;

(3)上身略前倾,挺胸,塌腰,肩要松沉,左肩向下牵引,右肩向

上伸张。

图 10-5-11

十二、分拳退步并步抱拳

1. 动作方法(见图 10-5-12)

(1)左脚向左方后退步,右拳变掌向右侧划弧,左拳变掌从左向右、向上经面前向左侧划弧,掌指朝上,虎口朝前,目视前方;

(2)右腿向右后退步,与左脚内侧并步,同时双掌向体侧两旁屈肘握拳,收抱于腰两侧,拳心均朝上,目视左方。

2. 技术要点

(1)分掌与退步同时完成;

(2)握拳、并步和摆头同时完成;

(3)分掌向两侧时,肩背要松沉,挺胸,直背,塌腰,头上顶。

图 10-5-12

第六节 收势

1.动作方法（见图 10-6-1）

双拳臂内旋，变掌落于身体两侧，目视前方。

2.技术要点

（1）头要端正，下颌内收，挺胸，直背，沉肩，两臂自然下垂；

（2）呼吸平稳，神态自然。

图 10-6-1

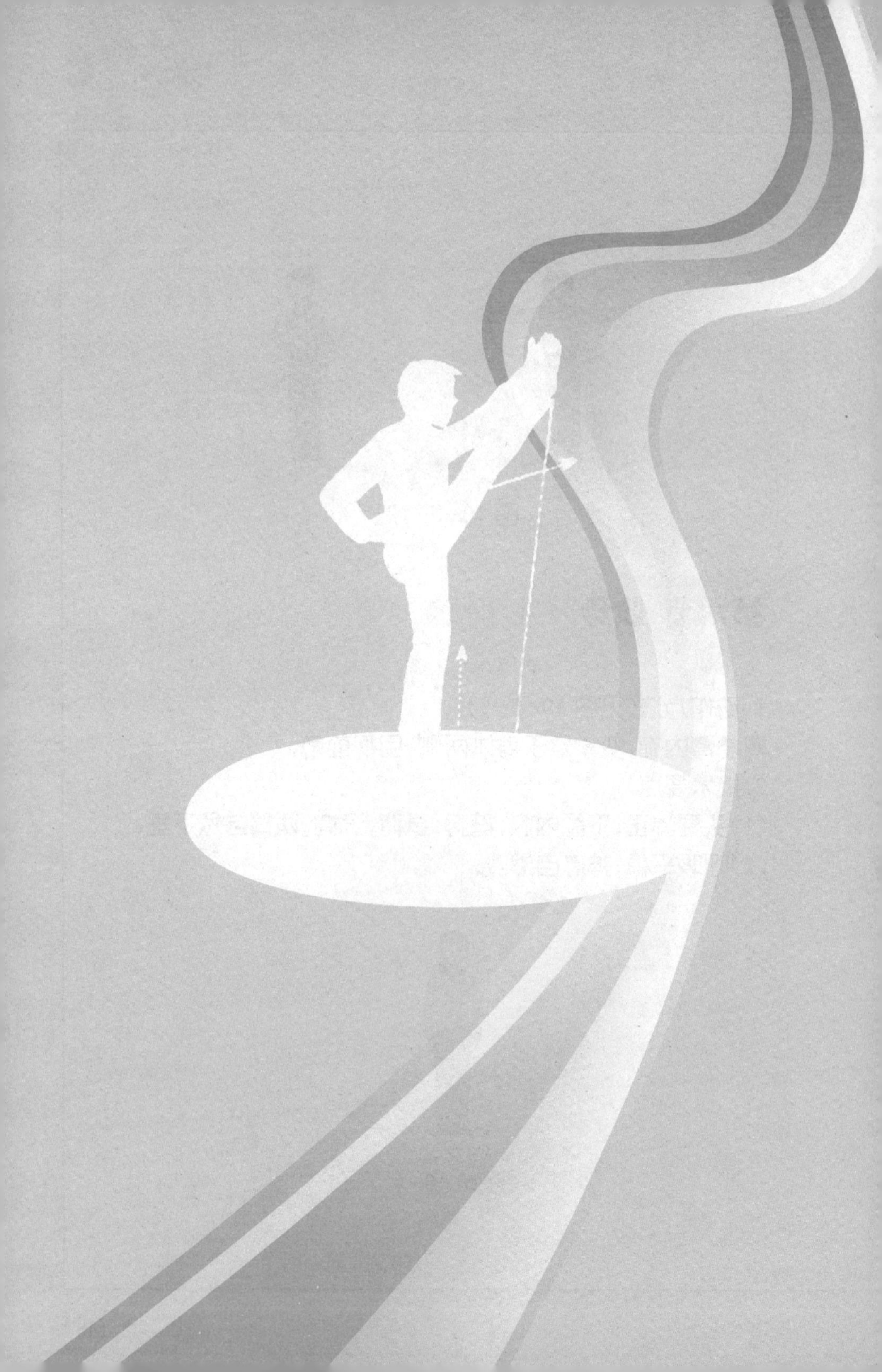

第十一章 少林拳比赛规则

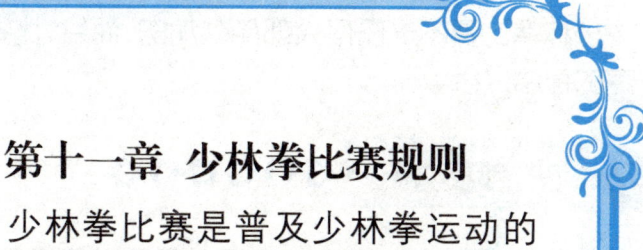

少林拳比赛是普及少林拳运动的一种很好的形式，在长期的发展中已经具备了自身完整的比赛程序和裁判方法。

第一节 程序

少林拳比赛不是任何人都能参加的,而且,比赛要严格地按照一定的程序进行。

一、参赛办法

少林拳比赛就是套路表演,运动员要进行报名,报名后要经过资格审查才能有机会参加比赛。

二、比赛方法

（1）运动员到检录处检录;
（2）裁判员入场;
（3）运动员入场,提交检录名单;
（4）开始比赛;
（5）运动员完成一整套动作后,裁判员进行评分。

第二节 裁判

少林拳比赛中,裁判员要有严密的组织工作和严格的评分标准。运动员如果对评分标准了然于胸,就能在比赛中游刃有余、发挥自如。

一、裁判员

(一)裁判人员的组成

(1)总裁判 1 人,副总裁判 1 人;

(2)每组设裁判长 1 人,裁判员 7~8 人(包括套路检查、记分、计时员);

(3)编排记录长 1 人,编排记录员 2~3 人;

(4)检录长 1 人;

(5)检录员、报告员 1~2 人。

(二)裁判人员的职责

1.总裁判

总裁判负责比赛事宜,指导各裁判人员的工作,保证规则的执行,具体职责如下:

(1)比赛前,组织裁判人员熟悉规则和裁判办法,检查各项准备工作;

(2)讲解和解决规则中不详尽或无明文规定的问题,但无权修改规则;

(3)裁判员的评分不能取得一致时,可做最后决定;

(4)在比赛进行中,运动员有不正当行为或裁判人员发生严重错误时,可酌情处理;

(5)在竞赛过程中,根据工作需要可调动裁判人员;

(6)审核并宣布大会比赛成绩,做好裁判总结工作。

2.副总裁判

副总裁判协助总裁判做好工作,在总裁判缺席时,由一名副总裁判代行其职责。

3.裁判长

(1)组织裁判组的业务学习,落实裁判工作的各项事宜,也可以参加评分;

(2)负责运动员申请重做和掌握套路的时间、组别以及器械不符合规定等方面的扣分,宣布运动员完成套路的最后得分;

(3)评分中有效分之间出现不允许的差数时,可根据规则进行调整;

(4)评分中出现明显不合理现象时,在举出运动员最后得分前,有权公开示分调整;

(5)裁判员发生严重错误时进行处理。

4.裁判员

(1)认真执行大会的各项决定,参加裁判学习和做好各项准备工作;

(2)认真执行规则,独立地进行评分,并做详细记录;

(3)裁判长发出信号后,各裁判员必须同时示分,并且要使裁判长先看到,然后使运动员和观众看到。

5.记录长

(1)负责编排记录处的全部工作,根据大会要求,编排好秩序册;

(2)准备比赛时需要的记录表格、计算得分及排列名次。

6.记录员

根据纪录长分配的任务进行工作。

7.记分、计时员

（1）准确地计算运动员完成套路的时间，遇有与规则不符者，应及时报告裁判长；

（2）负责所在裁判组的记分工作，并核算最后得分。

8.套路检查员

负责检查运动员的套路内容，如遇与规则不符者，予以扣分，并及时报告裁判长。

9.检录长

负责检录处的全部工作，如有变化，应及时与总裁判取得联系。

10.检录员

按照比赛顺序及时召集运动员做好出场准备，委托一名运动员负责带队入场，并向裁判长递交检录表。

11.报告员

在比赛过程中，报告比赛成绩，介绍竞赛规程、规则和比赛项目的特点，以及经大会审查过的有关武术运动的宣传材料。

少林拳比赛的最高得分为 10 分，分数主要从动作规格、劲力和协调，以及精神、节奏、风格、内容、结构和布局等方面来评判。

二、评分规则与方法

（一）动作规格

动作规格的分值为 6 分，具体评判标准如下：

（1）凡手形、步形、手法、步法、身法、腿法、跳跃、平衡和各种器

械的方法与规格要求轻微不符者,每出现一次扣0.05分;

(2)与规格要求显著不符者,每出现一次扣0.1分;

(3)与规格要求严重不符者,每出现一次扣0.3分;

(4)一个动作出现多种错误时,最多扣分不得超过0.2。

(二)劲力和协调

劲力和协调的分值为2分,具体评判标准如下:

(1)凡劲力充足、用力顺达、力点准确、手眼身法步协调(器械项目还应身械协调)、动作干净利落者,给予满分;

(2)凡与要求轻微不符者,扣0.1~0.5分;

(3)显著不符者,扣0.6~1分;

(4)严重不符者,扣1.1~2分。

(三)精神、节奏、风格、内容、结构和布局

精神、节奏、风格、内容、结构和布局的分数为2分,具体评判标准如下:

(1)凡符合精神饱满、节奏分明、风格突出、内容充实、结构合理、变化多样、布局匀称者,给予满分;

(2)凡与要求轻微不符者,扣0.1~0.5分;

(3)显著不符者,扣0.6~1分;

(4)严重不符者,扣1.1~2分。